「出雲抹殺」の謎

ヤマト建国の真相を解き明かす

関　裕二

PHP文庫

○本表紙図柄＝ロゼッタ・ストーン（大英博物館蔵）
○本表紙デザイン＋紋章＝上田晃郷

はじめに

出雲《いずも》は逆立ちしている。

出雲の何もかもが、あべこべなのである。

たとえば、旧暦の十月を普通は神無月《かんなづき》というが、出雲ではこれを、神在月《かみありづき》という。日本中の神様が、このとき出雲に集まるから、出雲だけが神在月という。

暦だけではない。出雲大社の巨大な注連縄《しめなわ》は、世間一般の神社の縒《よ》り方とは正反対に縒っている。もちろんそれが、出雲固有の慣習なのである。

さらに出雲には、「国造家《こくそうけ》（国　造《くにのみやつこ》）」という、太古の化石がいまだに存在する。

そもそも「国造」とは、五～六世紀頃に制度化された地方官で、律令《りつりょう》制度が整備されていく段階で、形骸化《けいがいか》、廃絶されていったものだ。ところが、どうした理由からか、出雲にだけ、まるで古代の亡霊のように国造が残され、驚くべきことに、今日にまでつづいているのである。つづいているだけならまだしも、その権威は、いまだに衰えることを知らない。出雲国造は、天皇と同様に現人神《あらひとがみ》と考えられてきたものだ。

現人神という一点を見れば、出雲の国造と天皇はよく似ているが、実際は対極の存在なのである。

よく似ているのにまったく正反対という不思議な関係が最もよくわかるのが、「ヒツギ」の神事だろう。天皇家は日継《ひつ》ぎの神事を行ない、天皇霊を継承している。これに対し、出雲国造家は火継《ひつ》ぎの神事を行ない、祖神・天穂日命《あめのほひのみこと》の霊を継いでいる。

同じ「ヒツギ」でも、それぞれが「日」と「火」を継いでいるわけで、ちょっと見ただけでは、わずかな差のようにも見受けられる。たとえば、千家《せんげ》尊統《たかむね》氏は『出雲大社』（学生社）のなかで、「日」と「火」の「ヒ」は「霊」であり、本来同じ意味をもっていたと述べている。

だが、いうまでもなく「日」は太陽であり、かたや「火」は、闇夜に照り輝く光で、陽と陰の関係であり、鏡に映したかのようにあべこべである。

このように、太古からつづく天皇と出雲国造という亡霊は、表と裏の関係にある。そして天皇と出雲の不思議な関係は、どうやらヤマト建国時にまでさかのぼるようだ。

三世紀のヤマトに、西日本を束ねる大きなまとまりが誕生していたことは、ほぼ間違いない。これを仮にヤマト朝廷と呼ぶことができるとするならば、ヤマト朝廷の誕生と出雲の命運もまた、正反対の道を歩んでいる。というのも、ヤマト建国の直前、出雲を中心とする山陰地方のめざましい発展があって、ヤマト建国の大きな要素として活躍しながら、いざヤマトが建国されてみると、「出雲」はヤマトの隆盛とは裏腹に衰退していくのである。

しかも、ヤマトには前方後円墳《ぜんぽうこうえんふん》という新たな埋葬文化が生まれ、日本各地に伝《でん》播《ぱ》していったが、出雲はこのような「流行」には目もくれず、「前方後方墳《ぜんぽうこうほうふん》（念を押しておくが、前方後円墳ではない）」や「方墳《ほうふん》」を選択していった。

いったい、出雲の偏屈ぶりは、どこからくるのだろう。なぜ気の遠くなるような年月の間、「ヤマトの裏」でありつづけてきたのだろう。そして、「逆立ちした出雲」は、「出雲とは何か」を考える史学者たちにも影響を及ぼしてしまったのか、逆立ちして出雲を見つめている史学者が少なくない。出雲をめぐる最大の問題はここにある。

かつて、出雲からはめぼしい考古学上の発見がなかったために、記紀神話に描かれたようなヤマト建国以前の活躍は絵空事《えそらごと》と考えられていた。

ところが、発掘が進み、出雲がヤマト建国以前から「実在」していたことがしだいに明らかになってきた。しかも、幻想にすぎないとされていた「出雲」が、実際にはヤマト建国に何かしらの影響力をもっていたこと、しかも、ヤマト建国の後、出雲は逆に衰退していったこともわかってきた。

もし仮に、出雲の国譲りとこれにつづく天孫降臨《てんそんこうりん》を「ヤマト建国の神話化」と捉えることができるならば、出雲神話は、何かしらの史実をもとに創作された可能性は高くなるばかりなのである。

ところが、このような「出雲の最新の考古学」が十分に活用されているとはいいがたい。出雲周辺、日本海側の地方の学者が遠慮がちに「出雲はあった」と発言しても、大きく取りあげられることはない。

出雲の本当の謎解《なぞと》きは、もはや、「出雲はなかった」という前提を捨て去らない限り、解き明かすことはできなくなっている。「出雲はあった」わけであり、あっただけではなく、ヤマト建国に強い影響力を行使し、しかも八世紀、神話の世界に封印《ふういん》されてしまったわけである。つまり、なぜ出雲は抹殺《まっさつ》されなくてはならなかったのか、古代史最大の謎は、ここにあったのではなかったか。

出雲の古代史は、それほど大事な意味をもちつつある。そして、これまでの常識に縛《しば》られない者のみが、真実の出雲にたどり着くことができるように思えてならない。

「実在した出雲」の謎解きをはじめてみよう。

「出雲抹殺」の謎◉目次

第二章　出雲はそこにあった

第三章　なぜ出雲は封印されたのか……131

第四章 出雲はなぜ祟るのか

第一章

「出雲」は本当になかったのか？

◇古代史の謎を解き明かす最後の鍵

古代史の謎《なぞ》を解き明かす最後の鍵は、「出雲《いずも》」に眠っている……。邪馬台国《やまたいこく》やヤマト建国の謎も、出雲を解き明かさない限り、もはや明確にはならない。

それにもかかわらず、いまだに「出雲」が疎《うと》んじられているようにみえるのはなぜだろう。

かつての「出雲などどこにもなかった」という古代史学界の「常識」が、思考を呪縛《じゅばく》しているからではあるまいか。

この「出雲などどこにもなかった」というのは、神話のなかで皇祖神《こうそしん》を圧迫した「出雲」など、現実にはあり得なかった、ということである。

では、なぜ「出雲はなかった」と考えられてきたかというと、理由は二つあるように思われる。

まず第一に、二十年ほど前まで、出雲の地で、神話に見合うほどの考古学上の発見がなかったことが挙げられる。このため、記紀神話《ききしんわ》（『古事記《こじき》』や『日本書紀《にほんしょき》』の神話）の三分の一を占める出雲の活躍は、絵空事《えそらごと》にすぎないと考えられたのである。

そして第二に、神話のなかで出雲が大きな地位を占めていたからこそ、「出雲はなかった」という考えにつながったのではあるまいか。

なぜそのようなことになるのか、これには少し複雑な事情が横たわっている。

近世末期、天皇家の権威を後ろ盾に徳川幕府を追いつめた明治政府は、新たな政権を築くにあたり、天皇を「神」に祭り上げ、そうすることによって、富国強兵政策を実現しようと目論《もくろ》んだ。その結果、神話はすべて「史実だった」という、極端で偏《かたよ》った教育をはじめたのである。

この結果、天皇の権威は濫用《らんよう》され、やがて昭和の軍部の暴走がはじまった。もちろん、日本は戦争に敗れ、国家は疲弊《ひへい》した。

このため、戦後になると、「神話は史実だった」という戦前の偏った考えへの反発として、すべての神話は否定されてしまったのである。

神話は、八世紀のヤマト朝廷が天皇家の権威を高めるために勝手に創造したお伽話《とぎばなし》で、出雲は観念上の国にほかならないと考えられるようになった。出雲がヤマトからみて忌《い》むべき方角に位置していたことから、天皇家に対峙《たいじ》するシンボルとして「出雲神」が出現した、という説が有力視されるようにもなった。そして、神話に占める比重が高かったからこそ、余計に出雲の実在性は疑われるようになったのである。

◆時代に翻弄された「神話」

だいたい、「出雲」が架空《かくう》であるかどうか以前に、神話そのものが架空なのではないか、というのが、史学界の根強い考え方といっていい。つまり、「出雲はなかった」だけではなく、「皇祖神《こうそしん》もなかった」のであり、要するに「神話は嘘《うそ》っぱち」だった、ということになる。とするならば、出雲神話のなかに歴史を見出そうなどという話は、根本から否定されるだけの話だろう。

たしかに、日本の神話は、そのほとんどが牧歌的《ぼっか》にみえる。だが実際には、多くの貴重な歴史のヒントが神話のなかに隠されているように思えてならないのである。

ただ、いきなりそう切りだしても、面喰らうだけだろうから、なぜそのような考えをもつにいたったのかを、説明しておく必要がある。

そこで、「出雲神話」に深く分け入る前に、「神話」全体が、近世以降どう考えられてきたかについて、少し触れておかなくてはならない。

ここで強調しておきたいのは、「神話」がしばしば時代の「雰囲気」に呑《の》まれ、あらゆる解釈が与えられてきた、ということである。そして、ここにこそ、神話のもつ魔力とおもしろさがあるのだが、まずは、神話がいかに時代に利用されてきたのか、そのあたりの事情を、探ってみよう。

ヤマトから見て忌むべき方角とされる出雲の遠景

さて、記紀神話については、江戸時代中期ごろから、国学の隆盛によって、数々の論究が行なわれてきた。本居宣長《もとおりのりなが》や平田篤胤《ひらたあつたね》らは、神話に疑念を抱くことなく、素直に受け入れた。それどころか、国学者たちは、日本文化の固有性を神話や古代社会に求めている。

たとえば本居宣長は、儒教的な道徳主義を排し、「もののあはれ」を知れ、と説き、このような「主情主義」こそが、人間の本来あるべき姿だと指摘した。その上で、太古の日本人は、ごく自然に、「もののあはれ」を知っていて、無意識のうちにありのままの自分でいることを、会得していたのだと指摘している。そして、神話のなかに、日本人としての理想、「主情主義」の世界を見出していったわけである。

また、本居宣長を筆頭とする国学者らは、天孫降臨《てんそんこうりん》を史実と認め、天皇を神の末裔《まつえい》と捉えることで、天皇に絶対的権威を見出していったのである。

イデオロギー的要素の強い本居宣長らの主張に対し、反発する者も当然現われた。伴信友《ばんのぶとも》や狩谷棭斎《かりやえきさい》がそれで、彼らは、神話はたんなる絵空事《えそらごと》といい放ち、史実の考証を重視し、イデオロギー化する国学の傾向に歯止めをかけようとした。

だが、復古的な国学の影響は、やがて西欧列強の砲艦外交に対する民族主義的な反発と重なり、幕末の尊王攘夷《そんのうじょうい》思想を形づくり、明治維新の原動力となっていった。

ただし、国学そのものは、明治維新後、近代化を推し進める時代の流れによって消滅する。

そのいっぽうで、児童の教育現場では、神話は「史実」として、教えられることになっていく。

たとえば、明治四十四年（一九一一）に文部省が発行した尋常《じんじょう》小学校用の歴史教科書の出だしは、皇祖神・天照大神《あまてらすおおみかみ》からはじまる。

天照大神は天皇陛下の遠きご先祖なり。其《そ》の御威徳《ごいとく》の極めて高くあまねきこと、あたかも天日のかがやけるが如《ごと》し。伊勢《いせ》の皇大神宮《こうたいじんぐう》は此《こ》の大神をまつり奉れる宮なり。

大日本帝国は初め大神が御孫瓊瓊杵尊《ににぎのみこと》をして治めしめ給ひし国なり。（『復刻国定歴史教科書　尋常小学日本歴史』　大空社）

ここには、天皇家の祖が天照大神という神であったこと、大日本帝国（日本）は太古から天皇家が統治していたことを、明確に記している。

このような国家の示した歴史観に対し、「神話は創作だ」と唯一反発した学者が、津田左右吉《つだそうきち》である。

◇津田左右吉の反骨

大正十二年（一九二三）に記された『神代史の研究』（岩波書店）のなかで、津田左右吉《つだそうきち》は日本の神話は民族が語り継いできたものとは異なり、「神代史は我が国の統治者としての皇室の由来を語ったものに外《ほか》ならぬ」と断言した。すなわち、神代史上の神々は、民族的・国民的英雄ではけっしてないというのだ。

なぜこのような発言が飛び出したかというと、記紀神話に登場する神々の活躍が、天皇家の権威に関係する物語であることに、まず津田は注目したからだ。

本来、神話とは、民族が共有するものであるにもかかわらず、記紀神話は天皇家による日本支配の正統性を証明するために、朝廷の貴族の手で六世紀中葉に記され、八世紀に完成した代物《しろもの》にほかならない、と指摘したのである。

このような積極的な発言が飛び出した背景には、大正デモクラシーの影響があったかもしれない。だが、時代はちょうど右傾化を加速させていく時期に当たっていたから、当然、津田左右吉は国粋主義者《こくすいしゅぎしゃ》から攻撃を受け、政府からも煙たく思われるようになる（このとき、津田は「日本精神東洋文化抹殺論に帰着する悪魔的虚無主義の無比兇悪思想家」というレッテルを貼られている）。

昭和十五年（一九四〇）、ついに津田左右吉の著書は発禁処分を受け、出版法違反で起訴され（津田事件）、昭和十七年、有罪判決を受けた。理由は、「神武《じんむ》天皇から仲哀《ちゅうあい》天皇に至る歴代天皇の（御）存在に疑惑を抱かせるような講説を展開した」というものであった。

これら一連の津田事件こそが、戦前の史学界にかけられた天皇制国家権力の圧迫や弾圧を端的に示す事件であったと指摘する声は多い。

たとえば、直木孝次郎《なおきこうじろう》氏は『日本神話と古代国家』（講談社学術文庫）のなかで、次のように述べる。

津田の業績のような純粋に学問的な研究が弾圧を受けたことは、学問の自由に対するいちじるしい侵害であり、多くの研究者や編集者を消極的にし、卑屈《ひくつ》にする。一罰百戒《いちばつひゃっかい》というか、当局のねらいもそこにあったのであろう。

直木氏の指摘するように、この事件が国家権力の濫用《らんよう》であることは間違いあるまい。そして、津田が逃げることなく対峙《たいじ》したことも事実である。

ただ、だからといって、戦前の日本が独裁国家で、史学者が徹底的な言論弾圧を受けたのかというと、どうしても首をかしげざるを得ない。

たとえば、「神話は絵空事《えそらごと》」という、国家にとって都合の悪い言論に対し出された判決が禁固三か月、執行猶予二年というのは、独裁国家であればあり得ない。さらに、原告・被告ともに控訴したが、その後審理は再開されず、いつの間にか時効が成立し、津田は免訴された。

当時の日本が本当の独裁国家ならば、津田は暗殺か処刑であろう。これほど手ぬるい独裁国家というものが、世界史上存在しただろうか。

津田事件は、戦後の史学者が称賛するほどの事件ではない。過剰に礼賛《らいさん》されるのは、「津田左右吉の継承者」を自称する者たちが戦後の史学界を席巻《せっけん》したからにほかならない。

なにも、津田の勇気と功績を否定しようとするのではない。しかし、津田という偶像のおかげで、戦後の古代史研究の進歩がだいぶ遅れてしまったのではないか、といいたいのである。

◇神話は本当に絵空事なのか

津田左右吉《つだそうきち》の後継者たちが唯物史観《ゆいぶつしかん》を駆使し、歴史学に新たな風を吹き込んだことは事実である。だがいっぽうで、あまりに合理的な発想であったがために、かえって古代史に多くの謎を残してしまったとはいえないだろうか。

喩《たと》えは悪いが、精製しすぎた食塩から塩本来のうまみとミネラルが消えてしまうようなものである。

また、これはまったく関係のないことだが、津田を支持する人びとの発想には、優等生ゆえの弱点があるように思われる。

学校の成績が良いからといって、歴史の真相を解き明かすセンスがあるとはかぎらない。突拍子もない斬新なアイディアというものは、落ちこぼれ人間から飛び出すものなのだ。

たとえばシュリーマンは、荒唐無稽《こうとうむけい》にみえる神話のどこかに、かすかな真実が残されているのではないかという劣等生的発想をもちつづけたことで、大発見をした。であるならば、日本神話のなかにも、わずかな史実の残像を信じてもいいのではあるまいか。

そして近年、唯物史観の呪縛《じゅばく》は徐々に取り払われようとしている。神話の見方が変わりつつあるのだ。

このあたりの事情を河合隼雄《かわいはやお》氏は、『日本神話の思想』（ミネルヴァ書房）のなかで次のように指摘している。

神話は、それを外的な事実を語るものとして見ると、まったくナンセンスなことが多い。従って、近代合理主義的な観点からは、その価値が相当におとしめられていたことも事実である。しかし現在では、近代合理主義や、自然科学万能主義に対する反省と共に、神話を低次の、あるいは歪曲《わいきょく》された自然科学の知を伝えるものとして見るのではなく、神話を、「神話の知」を伝えるものとして見てゆこうとする態度が、相当一般にも受けいれられてきたように思われる。

このように、民俗学的な視点から神話は見直され、多くの成果が上がっている。「神話」というだけで拒絶する時代は、遠い昔話になりつつあるのだ。

ただし、これで神話の不遇の時代が終わったわけではない。なぜならば神話と歴史との間には、いまだに深い溝が横たわっているからである。

つまり、神話に民俗学的な価値はあったとしても、「ストーリーに歴史を読みとることはできない」という考え方そのものは、そう簡単には取り払うことはできないでいるのだ。だが、神話には、これまで見過ごされてきた貴重な歴史のヒントが隠されているように思えてならない。

◇『日本書紀』神話に秘められた歴史

記紀神話の作者は、三世紀のヤマト建国前後の歴史を熟知していて、この歴史を神話にしてしまったのではないかと思える節がある。つまり神話は、ヤマト建国の諸事情を闇に葬るための隠《かく》れ蓑《みの》だった疑いが出てくるのだ。

たとえば、天皇家の祖神で神話の中心的存在となった女神・天照大神《あまてらすおおみかみ》は、『日本書紀』の神話のなかで、はじめ「大日孁貴《おおひるめのむち》」の名で登場している。これまでの拙著でも指摘してきたごとく、「大日孁貴」の「孁」は「巫女《みこ》」を意味するから、「日孁」を分解すると「日巫女《ひのみこ》」となり、太陽神を祀《まつ》る巫女を意味することになる。また、「ヒノミコ」は「ヒミコ」であり、邪馬台国《やまたいこく》の卑弥呼《ひみこ》を連想させる。

これだけではない。伊勢《いせ》神宮の内宮《ないくう》には天照大神《あまてらすおおみかみ》が、外宮《げくう》には豊受大神《とようけのおおかみ》が祀られるが、この豊受大神が、邪馬台国とからんでくる。『魏志《ぎし》』倭人伝《わじんでん》を繙《ひもと》くと、気になることが書かれている。卑弥呼の死後、男王が立つも、国中服さず戦乱が起きたという。そこで卑弥呼の宗女《そうじょ》・台与《とよ》（壱与《いよ》）がもち上げられ、女王位を継承した、というのである。台与を「トヨ」と単純に割り切れば、卑弥呼と台与のコンビは、そのまま伊勢神宮の祭神・天照大神と豊受大神に通じる。天照大神は大日孁貴で卑弥呼であり、豊受大神は「トヨ」ウケ大神にほかならないからである。

天照大神と豊受大神のコンビが卑弥呼と台与をモデルにしているのではないかという疑いは、宮中の特殊な神事《しんじ》からもうかがい知ることができる。大嘗祭《だいじょうさい》や新嘗祭《にいなめさい》の前日に行なわれる鎮魂祭《たましずめのまつり》の歌のなかに、「豊日孁《とよひるめ》」なる女神が登場しているからだ。大日孁貴（天照大神）と豊日孁は対《つい》であり、「大日巫女《おおひみこ》」と「豊《とよ》日巫女《ひみこ》」ということになる。

とするならば、意外にも、記紀神話のなかには、ヤマト建国前後の歴史がちりばめられているのではあるまいか……。

もちろん、邪馬台国の卑弥呼と台与が天照大神や豊受大神に似ているというだけで、神話が史実だったと断言できるわけではない。

天照大神を祀る伊勢神宮(内宮)

ただ、すでに多くの拙著のなかで、筆者は神話のなかに隠された歴史を探し出し、そのモデルとなった人物の正体を突き止めてきた。そして、天孫降臨《てんそんこうりん》や神武東征《じんむとうせい》といった、これまで絵《え》空事《そらごと》と決めつけられてきた事件でさえ、何かしらの史実を背景に記されていたと指摘してきたのである。

そのいっぽうで、これらの話がお伽話《とぎばなし》めいて見えるのは、歴史改竄《かいざん》の必要に迫られた八世紀の朝廷が、あらゆるカラクリを用意して、ヤマト建国の真相を隠匿《いんとく》し、すべてを神話の世界に葬り去ったからだろうと推理したのだった(『天孫降臨の謎』『神武東征の謎』PHP研究所)。

神話が荒唐無稽《こうとうむけい》に見える理由のひとつは、そうすることで、だれにも気づかれぬように史実をねじ曲げられるという『日本書紀』編纂《へんさん》の意図があったからにほかならない、ということなのである。

それでは、このような観点で出雲神話を見直すことは可能なのだろうか。どうやら一筋縄ではいきそうもない。通説のぶ厚い壁が立ちはだかっているからだ。

出雲神話は記紀神話全体の三分の一近くを占めているが、通説は、これこそ中央政府の「作り話」にほかならず、出雲の現地の本当の歴史とは、まったくかけはなれたお伽話にすぎない、と決めつけているのである。つまり、記紀神話に描かれた、稲羽《いなば》の素兎《しろうさぎ》や八岐大蛇《やまたのおろち》退治といった人口に膾炙《かいしゃ》した神話は、歴史とはまったく無関係だったことになるわけである。

そのいっぽうで、なぜ出雲神話が中央で創作されたかといえば、それは、たしかな理由があったとする。たとえば、出雲は都から見て忌《い》むべき方角に当たっていたから、国譲り神話の舞台に選ばれた、ということになる。出雲は、史実とは関係なく、皇祖神《こうそしん》に支配される神々に「抜擢《ばってき》された」、とする根強い説である。

それはまさしく、天皇家やヤマト朝廷の正統性を証明するために、反対概念としての「邪」なるものを求め、出雲がぴったりと当てはまった、ということになろう。

なぜこのような考えが定着してしまったのかというと、「出雲神話」には、朝廷が記した記紀神話とは別に、出雲の地からの報告書としての『出雲国風土記《いずものくにのふどき》』の神話が存在すること、記紀神話には国譲り神話があって『風土記』にはなく、逆に『風土記』には国引《くにび》き神話があって、記紀神話にはないなど、二つの神話の内容が、ほとんど噛み合っていない点が、問題にされたのだ。

つまり、『出雲国風土記』の内容こそが、出雲土着の本来の伝承なのだから、記紀神話の「出雲」は、中央の朝廷の創作以外のなにものでもない、とするわけである。

そこでまずは、通説が何をいわんとしているのか、それを確かめるべく、『出雲国風土記』に描かれた出雲神話がどのようなものだったのか、読み進めていこう。

◇『出雲国風土記』に残された出雲の神話

『風土記《ふどき》』といっても、現存するものは「常陸国《ひたち》」「播磨国《はりま》」「出雲国《いずも》」のわずかに三巻である。『出雲国風土記』は、そのなかでも完本に近い形で残された。

『出雲国風土記』で最も有名な神話といえば、国引き神話《くにび》であろう。

国引き神話は、古代出雲の中心・意宇《おう》の郡《こおり》（現在の島根県松江市や安来市《やすぎ》とその周辺）の段に出てくる。「意宇と号《なづ》くる所以《ゆえん》は」とはじまるように、いわゆる地名起源説話である。

この説話の主人公は八束水臣津野命《やつかみずおみつののみこと》で、この神は『古事記』にも現われているが、そこでは目立たない存在で、逆に『出雲国風土記』では、出雲建国の父、といったイメージである。

では、『風土記』の八束水臣津野命の活躍は、いかなるものだったのだろう。

あるとき、八束水臣津野命は次のように詔《みことのり》した。

「八雲《やくも》立《た》つ出雲の国は、幅の狭い布のように若く小さくつくられた。だから、縫い合わせなければならない」

こうして八束水臣津野命の国引きがはじまる。まず目をつけたのは、日本海の対岸、朝鮮半島の新羅《しらぎ》で余った土地はないかと眺めると、岬が余っていた。そこで、童女《どうじょ》の胸のような平らな鋤《すき》で、大きな魚のエラをつき分けるように、新羅の地を刻んで、三本を縒《よ》ってつくった太い綱を引っかけて、河船を運び上げるようにゆっくり慎重に「国よ来い、国よ来い」と引き寄せた。こうして縫い合わせた国が、「去豆《こづ》の折絶《おりたえ》（出雲市小津）」から「八穂爾支豆支《やほにきづき》の御碕《みさき》（同市大社《たいしゃ》町日御碕《ひのみさき》）」にかけての地だった。このときつなぎ止めるために打ち込んだ杭《くい》は、石見《いわみ》国（島根県西部）と出雲国（島根県東部）の境にある佐比売《さひめ》山（三瓶《さんべ》山）である。引いた綱は「薗《その》の長濱《ながはま》（神門《かむど》郡北部の海岸）」になった。

次に、北門《きたど》の佐伎《さき》の国《くに》（出雲北方の出入り口の意）に余った土地はないかと眺めると、余っていたので、これを引き寄せた。これが多久の折絶《おりたえ》（松江市鹿島町）から狭田《さだ》の国（同市鹿島町佐陀《さだ》本郷）に至る地だ。

次に、北門の農波《のなみ》の国（松江市島根町野波）から土地を引っ張ってきた。宇波《うは》の折絶（松江市東北端の手角《たすみ》？）から闇見《くらみ》の国（松江市本庄町新庄）がこれである。

次に、高志《こし》（越）の都都《つつ》の三碕《みさき》（能登半島の北端珠洲岬《すずみさき》？）の余った土地を引っ張ってつくったのが三穂《みほ》の埼（美保関《みほのせき》町）で、このときの綱が夜見《よみ》の嶋（弓ヶ浜）だ。そして、打ち込んだ杭は伯耆《ほうき》国（鳥取県西部）の火神岳《ひのかみだけ》（大山《だいせん》）である。

こうして、「今はもう、国を引き終えた」と述べた八束水臣津野命は、意宇の社《やしろ》に御杖《みつえ》をつきたてて、「おゑ」と声を発した。それで、この地を「意宇」というようになったというのである。

これが出雲の国引き神話のあらすじで、また、意宇の地名説話でもある。

◇記紀神話と風土記の違い

ではそのほかに、『出雲国風土記』にはどのような神話が残されているのだろう。

まず、嶋根《しまね》郡美保《みほ》の郷《さと》（美保関町）の地名説話に、次のようなものがある。

それによると、天《あめ》の下造《したつく》らし大神《おおかみ》の命《みこと》が、高志《こし》の国《くに》にいます神、意支都久辰《おきつくし》為命《いのみこと》の御子《みこ》、俾都久辰為命《へつくしいのみこと》の御子《みこ》、奴奈宜波比売命《ぬながわひめのみこと》を娶《めと》って生まれた神が御穂《みほ》須須美命《すすみのみこと》で、この神がいたところから、「美保」というようになった、というのである。

嶋根郡加賀《かが》の郷（松江市島根町）の地名説話も興味深い。

郡家《こおりのみやけ》の北西の方角に、佐太《さだ》の大神が生まれた場所がある。御祖《みおや》、神魂命《かみむすびのみこと》の御子の支佐加比売命《きさかひめのみこと》が、「暗い岩屋であることよ」といい、金弓《かなゆみ》（鉄を使った弓か）で矢を放ったとき、光り輝いた。そこでこの地を「加加《かが》」というようになったという。

ちなみに、ここに登場する佐太の大神は、嚮導《きょうどう》の神で天狗《てんぐ》のモデルになったともいわれる猿田彦《さるたひこ》と同一とする説がある。

もう少し、風土記の説話を拾ってみよう。

嶋根郡加賀の神埼には窟《いわや》（岩屋）があった。高さは十一丈、周囲は五百二歩ほどだった。東西と北側に口を開いている。これが佐太の大神の生まれた場所で、生まれたとき、弓矢を失った。そのとき、神魂命の御子・枳佐加比売命《きさかひめのみこと》（支佐加比売命）は次のように願い、いった。

「私の子が麻須羅神《ますらがみ》（武勇のすぐれた神）の御子であるのでしたら、どうか失せた弓矢よ、出てきておくれ」

こう祈ると、角（獣の角）を用いた弓が流れ来たった。だが生まれ出てきた御子は、「この弓はわたしの弓ではない」といい、投げ捨ててしまった。次に、金の弓が流れてくるとそれを取りあげて、「なんと暗い窟なのだ」といって、矢を射通した。それで、枳佐加比売命を祀《まつ》る社がここにある。今の人がこの窟の前を通るときは、必ず大声をとどろかせて行く。もし黙って通ろうとすると、神が現われてつむじ風が起こり、船は転覆するという。

このように、記紀神話に登場するような話は、『出雲国風土記』には出てこない。だからこそ、記紀神話の三分の一を出雲神話が占めているからといって、それが出雲の実在を証明するわけではなく、実態は全く逆だったのだと、通説は唱えてきたわけである。

◇『風土記』神話には本当に政治性はないのか

『日本書紀』や『古事記』に載る出雲神話を理解するためには、地方色豊かな『出雲国風土記』との対比、比較研究をしなければ、実相を見極めることはできないという水野祐《みずのゆう》氏は『出雲国風土記』と記紀神話の関係を、『日本神話を見直す』（学生社）のなかで次のように説明している。

出雲には中央の大和の神話、それから発展をして統治者としての天皇氏の氏族神話や日本国家を主体にした国家的統一神話とは別に、それらの影響をほとんど受けていない独自の神話が存在していたのである。

そうした独得《ママ》な神話の存在が、中央における神話体系の構成の上に影響をあたえ、日本神話の体系の中に、開闢《かいびやく》神話から直接的に天孫による大八洲国《おおやしまのくに》の統治神話へ結びつけることができなかった。その間に出雲国が大八洲の下界に既存していたのでそれをまず服属させてから天神《あまつかみ》の裔孫を天降し統治を委ねるという、すなわちその中間に出雲神話を挿入せねばならなかったのである。

つまり、出雲には土着の信仰があって、それが記紀神話で取りあげられるとき、中央的潤色《じゆんしよく》が加えられたとすることが、今日的な解釈になりつつあると指摘している。

このような考え方が、出雲神話に対する常識的な判断といっていいのかもしれない。

しかし、中央の朝廷の記した神話は政治的な思惑《おもわく》に満ちていて、地方の記した神話は牧歌的《ぼっかてき》な「本当の神話」だという単純な決めつけをそのまま受け入れることはできない。中央が政治的なら、地方も政治的であってもおかしくはない。中央の締め付けがあったならば、地方はそれに恭順し順応するか、あるいは反発することもあっただろう。そしてそれは、それぞれの政治的判断にもとづき、『風土記』に色を添え、中央に報告したということである。

つまり、出雲でも朝廷の思惑にあわせ、「歴史の核心」を抹殺《まっさつ》して神話をつくった可能性が残されている。出雲側の提出した神話が、朝廷の創作した神話と重ならないからといって、出雲側の神話に政治性はなかったという証拠にはならない。そして、『風土記』と「記紀」の神話が重ならないからといって、「出雲はなかった」と決めつけることもできないはずなのである。

◇ めまぐるしく移り変わる出雲観

では、謎《なぞ》に満ちた出雲神話をどう解釈すればいいのだろう。

ここ二十年で、出雲をめぐる考え方は、めまぐるしく移り変わり、以前通用していたような出雲観は、もはや時代遅れになってしまった。繰り返すが、それは歴史を塗り替えるような考古学資料が、山陰地方で次々に発見されたからにほかならない（その詳細は次章で触れようと思う）。

ただし、出雲観が大きく移り変わったからといって、かつての出雲をめぐる論争の足跡がまったく無意味になったわけではない。

そこでしばらく、これまでの出雲をめぐる史学界の諸説をまとめてみよう。

まず第一に、津田左右吉《つだそうきち》が戦前から唱え、戦後唯物史観《ゆいぶつしかん》を信じ切った学者たちに支持された、「神話そのものが中央の都合のいいように記された代物なのだから、出雲も虚構にすぎない」とする考えがある。

たとえば、「出雲神話＝架空《かくう》説」を強く打ち出した鳥越憲三郎《とりごえけんざぶろう》氏は、『出雲神話の成立』（創元社）のなかで、出雲神話が記紀神話の三分の一を占めていることから、千年にわたって、われわれは出雲に巨大な勢力がかつて存在していたと信じ込まされていたのだという。また、杵築《きづき》大社（出雲大社）が天照大神《あまてらすおおみかみ》を祀《まつ》る伊勢《いせ》神宮に対立する神社として発展したために、かつて「出雲族」が日本の国土

を支配していたという「錯覚」を、われわれはもってしまったのだ、とした上で、

まず読者のすべての方に申したいが、これまでの出雲観のすべてを完全に拭い去って、白紙の立場で新しく出雲を見直す心がまえを持っていただきたいと思う。

と念を入れている。

そして、出雲神話が架空《かくう》だとしたら、なぜ舞台に出雲の地が選ばれたのかが問題となってくるはずである。

出雲族が、ヤマト朝廷に対峙《たいじ》するほど強力な力をもっていたわけでも征服戦の最大の敵だったのでもないのに神話の裏方に選ばれた理由は、地理が意味をもっているとする。『日本書紀』成務紀《せいむき》に、「山の陽《みなみ》を影面《かげとも》と曰《い》ふ。山の陰《きた》を背面《せとも》と曰ふ」とあるように、古くから山の南北で、陽の当たる側を「山陽」といい、陽の当たらない側を「山陰」と呼んでいたことがわかる。つまり、西日本の屋台骨を

支える中国地方の「山陽」は、歴史の「陰」には相応《ふさわ》しくなく、「山陰」にあたる石見《いわみ》・出雲《いずも》・伯耆《ほうき》・因幡《いなば》のいずれかであればどこでもよかったのだ、と鳥越氏は断定している。

さらに、なんにもなかったはずの「出雲」が、しだいに「実在したのではないか」と疑われるほどの存在感を示しはじめたのは、神話における出雲の役割の大きさから、伊勢神宮に対立する神社としての杵築大社の発展を促《うなが》し、「古くは出雲族が日本の国土を治めていたのだという考えが、いつしか錯覚として人びとの脳裡を占めるようにもなっていった」のだとする。

そして、あくまでも出雲は、神話の裏方として便宜上選ばれただけのことだということを、忘れてはならない、と強調するのである。

また、石母田正《いしもだしょう》氏は、記紀神話が出雲を取りあげた理由のひとつに、西暦六四五年の大化改新《たいかのかいしん》以降、中央集権化が進み、地方に対する支配力が強まったことを挙げている。

たとえば、斉明《さいめい》五年（六五九）には、出雲国造《いずものくにのみやつこ》に厳神宮《いつくしのかみのみや》（島根県松江市の熊野大社）の修理が命じられたように、ヤマト朝廷は出雲との間に強い関係を築き上げていた。そして七世紀の壬申《じんしん》の乱《らん》が、大きな意味をもっていたのではないか、としている。

天武《てんむ》元年（六七二）六月から翌月にかけて、古代日本を二分した骨肉の争いが演じられた。これが壬申の乱で、このなかで、出雲神が唐突《とうとつ》に出現している。

高市郡《たけちのこおり》の大領《たいりょう》・高市県主許梅《あがたぬしこめ》が、金綱井《かなづなのい》（奈良県橿原《かしはら》市今井町付近）に陣を張っているときのこと、突然口をきくことができなくなってしまった。三日後、許梅は神がかり（トランス）状態になった。

すると出雲神・事代主神《ことしろぬしのかみ》が現われ、

「神武《じんむ》天皇陵《りょう》に馬や兵器を奉納しろ」

と命じた。

「そうすれば、事代主神は皇御孫命《すめみまのみこと》（大海人皇子《おおあまのみこ》、のちの天武天皇）の行軍の前後に立ち、無事に東国に送り届けよう」

というのである。

石母田氏は、この事代主神の神託《しんたく》や、壬申の乱のなかで、出雲臣狛《いずものおみこま》や三輪《みわ》氏といった出雲とかかわりをもつ氏族が大海人皇子に荷担していたことが、神話の舞台に出雲が選ばれた大きなきっかけになったのではないかとするのである。

◇出雲は都から見て忌むべき方角にあった？

「出雲」は観念的につくられたとしても、それは政治的な意味をもっていたのではなく、当時の「信仰」や「宇宙観」が大きな意味をもっていた、とする説がある。

三谷栄一《みたにえいいち》氏は、都から見た出雲の方角と当時の宗教観の関係を指摘している。まず三谷氏は、日本神話そのものは、古代氏族社会の崩壊期《ほうかい》に、復古的なものと進歩的なものとの混沌《こんとん》のなかから生まれたものとする。

またいっぽうで、神話の原初的な姿を追えば、政治・宗教・文学・倫理を統一した祭祀《さいし》（マツリゴト）に行き着くのであり、各地の各氏族の祭祀から生まれた文学（カタリゴト）を政治的意図をもって改作・潤色《じゅんしょく》したのが神話にほかならないとする（『日本神話と文学』歴史教育　昭和四十一年四月号）。

その三谷氏は、出雲について、次のような推理を働かせている。

三谷氏はまず、出雲が記紀神話に占める割合が高いこと、さらには、大嘗祭《だいじょうさい》に古詞《ふること》を奏する語部《かたりべ》が、出雲をふくめて、ほとんどが西北の方角から選ばれている（『貞観式《じょうがんしき》』によれば、丹波《たんば》国二人、丹後《たんご》国二人、但馬《たじま》国七人、因幡《いなば》国三人、出雲国四人）のはなぜかと問いかけた。そして、これはけっして偶然ではない、と強調する。

西北（戌亥隅《いぬい》）の方角は、「祖霊の去来する方角、鎮ります彼方」「祝福をもたらす方角」（『日本神話の基盤』塙書房）であり、稲作の豊饒《ほうじょう》をもたらす神々の去来する方角だ、とするのである。そして、ヤマト朝廷が版図《はんと》を拡大し、日本海岸の最果《さいは》てまで支配下においたとき、出雲は西北の端であり、戌亥隅信仰を反映し、祖霊の住む地、豊饒をもたらす地となり、他の地域にはみられない形で、神話に欠かせない場所となった、というのである。

◇出雲は実在した？

出雲は中央でつくられた観念ではなく、実際に存在した、とする説もある。

古代の日本を支配する立場にいたのは「天孫《てんそん》種族」で、その次は地祇《ちぎ》＝土着の神の後裔《こうえい》としての出雲系統の民族だったと喜田貞吉《きださだきち》は単純に割り切った。

では、記紀神話にある天孫族の故地・高天原《たかまのはら》を、喜田はいったいどこに比定したのだろう。

考古学や科学的材料の揃っていない戦前の論究ながら、言語や神話の似通いから、天孫族は、朝鮮半島、しかも扶余《ふよ》族なのではないか、と指摘している。そして、次のような日本人形成の過程を推理している。

日本にはそもそも、アイヌ系の人びとが住み、弥生《やよい》時代には、マライ人種に属する「隼人《はやと》」が上陸し、アイヌ族（蝦夷《えみし》）を東北に駆逐した、とする。そして隼人らは、そのあとにやって来る天孫族と同化・融合し、今日の日本人ができあがった、というのである。

では、この場合、神話に登場した「出雲」をどう考えればいいのか、ということになる。

喜田は、まず紀伊（和歌山県）方面で、出雲地方と同じような伝承が伝わっていること、天皇家の初期の皇后が「出雲系」であったことに注目した。

これらの例から、「出雲民族」は出雲だけにいたわけではなく、要するに彼らこそが、蝦夷らを駆逐した先住民（蝦夷よりあとだが天孫族よりも先に住んでいた、という意味）なのであって、まず大和の出雲民族が天孫族と同化・融合し、さらに大和勢力はしだいに外縁部を併合していったとする。

そこで喜田は、

大国主神《おおくにぬしのかみ》の国譲りの伝説は、同様の事蹟が繰返し各地において行われた事実に関する、代表的説話と解すべきものなのである（『喜田貞吉著作集8』平凡社）。

と述べている。

論証の内容はともかく、かなり早い段階で出雲は実在したと唱えた点、貴重な意見といえる。

◇出雲氏族が交替していたとする説

次に、井上光貞《いのうえみつさだ》氏や上田正昭《うえだまさあき》氏らの「出雲氏族交替説」がある。

出雲神話の原形は、出雲の東西二大勢力（熊野《くまの》神社と意宇《おう》川流域一帯の東部、杵築《きづき》大社と簸川《ひのかわ》流域一帯の西部）の間で交わされた壮絶な闘争という史実があって、そのいきさつが中央で取りあげられ、神話化されたものだ、とするのである。

このような発想が生まれる背景には、古代出雲を二分する東西の温度差、というものがある。それは、古墳の分布、神社の分布密度などからしても、はっきりしている。

そして上田氏は、代表的な出雲の伝承も以下のように分類し、東西に色わけしている。

（1）神代巻の出雲平定、（2）崇神《すじん》朝の出雲神宝《しんぽう》の物語、（3）『出雲国造《いずものくにのみやつこ》神賀詞《のかむよごと》』、（4）斉明《さいめい》五年紀の出雲国造による厳神宮《いつくしのかみのみや》（熊野大社）の修理、の四つである。

このなかの（1）と（2）が西部の「杵築」、（3）と（4）が東部の「意宇」との関わりで語られていることに注目した井上光貞氏は、「杵築」に関わる（1）と（2）の話の共通点は、天孫族や朝廷の要求に対し、一族のひとりは帰服、他は抵抗をつづける、ということで、また、事件の終結が、武力による祭祀権の収奪であるとする（『井上光貞著作集　第四巻』岩波書店）。そして、ほとんど似たような強圧的に征服されるという話の繰り返しに、何かしらの史実が背景に隠されていてもおかしくはないと、井上氏は指摘する。

これに対し、（3）と（4）の「意宇」に関わる説話には、「杵築」の朝廷への帰服記事はあっても、「意宇」の帰服はまったく欠如し、むしろ「意宇」が朝廷寄りの匂いを漂わせているというのである。

このことから井上氏は、「出雲平定」とは、「杵築」の平定であって、「意宇」は関わりない、とする。そして、この「意宇」の勢力こそが出雲国造家であったところに問題がある、というのだ。

このあたりの事情を説明するために、井上氏は、古代出雲を覆う身分制度に注目した。

天平《てんぴょう》十一年（七三九）の出雲《いずもの》国《くにの》大税賑給歴名帳《たいぜいしんごうれきみょうちょう》から、出雲では「部姓」が多いことが知られている。しかも、「健部臣《たけるべのおみ》……健部首《たけるべのおびと》……健部《たけるべ》」というように、「○○部臣……○○部首……○○部」という形の三段階の身分構成が特徴的なのである。

では、このような身分制が、なぜ出雲で見られるというのだろう。

ヤマト朝廷は五世紀ごろから、中央集権国家をめざし、部民制《べみんせい》を導入していった。部民とは、天皇家の直属民なのだが、もともとは、豪族の私有民にほかならず、朝廷は豪族から部民をもらい受け、その見返りに、豪族の私有民の所有を認めたわけである。そして、天皇から部民にいたる支配のベクトルは、「天皇↓臣や連《むらじ》などの伴　造《とものみやつこ》（氏族の首長）↓部民」という形をとった。

そこで、先ほどの出雲の支配構成の特徴を見ると、臣や首《おびと》（伴造の内部にも階級の差があり、臣は首の上位に立っている）の姓に「部」が冠せられていることに気づかされる（〇〇部臣、〇〇部首）。その理由は、おおよそ次のようなことだといわれている。

すなわち、もともと「臣↓首↓部」という固有の地方の同質的で単純な支配体制が確立されていて、そこにヤマト朝廷が「部民制」を持ち込んだとき、このような身分構成を温存したまま、ヤマトの制度に移行したため、「〇〇部臣↓〇〇部首↓〇〇部」という身分構成が誕生したのだというのである。

問題はここからだ。

このような特徴的な身分構成は、出雲全土で均一だったのではない。出雲・神門《かむど》の二郡が群を抜いて多く、またそれ以外の地域にも広く認められるのだが、唯一、「東部の意宇《おう》」だけが例外なのである。

井上氏は、このことについて、

支配身分に関するこのような余りにも明白な対比は、出雲における部の編成において、本郡が独自の位置にあったことを示すものであろう。（前掲書）

と強調し、意宇が「支配する者」であり、それ以外の出雲の諸地域が、「支配される者」ではないかという。

その証拠に、西部の杵築《きづき》には征服されるという伝承が繰り返され、それに対し出雲国造の本拠地である意宇の地にまったく征服される話が伝わらないことは、関連性がある、とする。

そして、「征服」と「部」の設置には、極めて密接な関係があるから、意宇の出雲氏の国造就任と杵築平定には深い関係が想定できる、とする。

また、杵築大社（現在の出雲大社）の所在地・杵築郷では、（知られる限りにおいて）氏族構成と呼べるものがなく、すべてが部姓であり、「〇〇部臣」といった、支配階級が存在しないという事実も、出雲の東西の支配・被支配の関係を明らかにしている、というのである。

つまり出雲神話とは、歴史時代に入ってから、杵築一帯を支配していた勢力を意宇の勢力が滅ぼし、これが国造（出雲氏）になった因縁を神話化したものにほかならないとするのである。

◇有力視される巫覡信仰宣布説

記紀《きき》神話のなかで「出雲」は重要な地位を占めるが、それはヤマトの対立者として設定された観念上の神話にほかならない、とする青木紀元《あおききげん》氏は、『日本神話の基礎的研究』（風間書房）のなかで、なぜ出雲が選ばれていったのか、その理由を「巫覡《ふげき》信仰宣布《せんぷ》説」を用いて説明している。

出雲神話出現の契機は、出雲に起こった「オホナムチ信仰（オホナムチは大己《おおなむ》貴神《ちのかみ》、大国主神《おおくにぬしのかみ》）」の宗教的勢力の活動抜きには考えられない、とする。

この勢力は出雲のみならず、他の地域にも進出していたはずで、その証拠のひとつが、『播磨国風土記《はりまのくにのふどき》』の大汝命《おおなむちのみこと》（オホナムチ）の活躍に見られるという。それ以外の多くの『風土記』が現存すれば、このような勢力の活動は、もっと克明に判明していたに違いないと青木氏はいう。というのも、オホナムチを祀《まつ》る神社が出雲のみならず、日本各地に広がっているからにほかならない。

では、なぜオホナムチ信仰が広がる余地があったかといえば、『日本書紀』神代第八段一書第六の次の一節が重要なヒントになってくるとする。

それによれば、大己貴命《おおなむちのみこと》と少彦名命《すくなひこなのみこと》は、力をひとつにあわせて、天下をつくったとあり、また、人と家畜のために、病気の治療法を確立した、とある。さらに、鳥獣や昆虫の災《わざわ》いを祓《はら》うためのまじないの法を定めた。このため、今にいたるまで、人びとはその恵みを享受している、というのである。

簡単にいってしまえば、オホナムチは、病気を治す神、ということである。このことは、『古事記』の稲羽《いなば》の素兎《しろうさぎ》説話からもはっきりとしている。だれもが知るように、このなかでオホナムチは身ぐるみはがされたウサギに、適切な治療法を伝授していたのである。

出雲神・建御名方神を祀る諏訪大社

青木氏は、この、「病気を治す」というオホナムチ特有の「機能」こそ、「普遍的」であり、部族社会を地盤とし、氏族集団を主体としていた封鎖的な古代信仰に、風穴を開ける新興宗教としての力を得たのではないか、とする。逆に、皇祖《こうそ》神《しん》天照大神《あまてらすおおみかみ》の信仰を前面に押し立てていたヤマト朝廷にすれば、この出雲の信仰は脅威になり、政治問題にまで発展したのではないかとする。出雲国造《いずものくにのみやつこ》を中心とする政治勢力そのものは恐ろしくはないが、各地に広まったオホナムチ信仰こそが頭痛の種、というわけである。

つまり青木氏は、出雲の国譲り神話とは、このような天照大神信仰とオホナムチ信仰の対決に対するヤマト朝廷側の解決策であった、というのである。

そして、神話のなかでオホナムチに「大国主神」という偉大な国の主の神という性格をあえて与え、この神が国を譲ったという形にして、反ヤマト勢力の服従のみならず、オホナムチ信仰が天照大神信仰に屈服したという物語を構築し、神々の秩序化をはかったということになる。

たとえば、信州諏訪《すわ》で祀られる出雲神・建御名方神《たけみなかたのかみ》も、オホナムチ信仰と無縁ではないとする。

『古事記』は建御名方神と呼ぶが、『続日本後紀《しよくにほんこうき》』は「南方刀美神《みなかたとみのかみ》」と書き、『延喜式《えんぎしき》』神名帳《じんみようちよう》も「南方刀美」と呼ぶ。

「ミナカタトミ」は、本来「ミナカタ、ツミ」で、これは「ミナカタの土地の神」ということになる。とすれば、建御名方神は諏訪土着の神であるにもかかわらず、出雲の国譲りで最後まで抵抗した神として『古事記』に描かれたことになる。これは、オホナムチ信仰が信州に伝播《でんぱ》していたなによりの証拠であり、だからこそ神話化されて、建御名方神を出雲の神に仕立て、服従させたのだろうと、青木氏は推理した。その上で、次のように述べている。

大和対出雲というのが、日本神話を作った中央人の二元的世界観であった。

しかして、その出雲の現実の裏付けをなしている具体的なものは、反大和朝廷的地方勢力であり、またそれらを繋ぐオホナムチ信仰の勢力であった。従って、出雲の国譲りを説くことは、オホナムチ信仰に繋がる反大和的諸氏族およびその神々の、天皇の大和朝廷および天照大神信仰への降服を公示するものであった。これによって、いわゆる出雲系の神々は「皇孫命《すめみまのみこと》乃《の》近守神《ちかきまもりがみ》」（出《いず》雲国造《ものくにのみやつこ》神賀詞《のかむよごと》）と化するのであって、ここに日本の神々の世界並びに諸氏族の系譜は、天照大神――天皇を中軸とする全き統一が計られるのであった。けだし、神話の出雲の持つ最も重要な意義は、この一点にひそむと見て誤りないと考える。（前掲書）

このような出雲と巫覡信仰を繋ぐ発想は、意外に支持者が多く、侮《あなど》ることのできない考えといえよう。

◇出雲にまつわる諸説の長所と短所

松前健《まつまえたけし》氏は『出雲神話』（講談社現代新書）のなかで、これらの出雲神話にまつわる諸説を、大きく三つに分類し、それぞれの長所と短所を指摘している。その内容を要約してみる。

(1)高天原《たかまのはら》と出雲の対立の神話は、歴史とは無関係な、中央貴族の理念的産物である（津田左右吉《つだそうきち》や唯物史観《ゆいぶつしかん》をとる学者）、……これに対し松前氏は、出雲世界が高天原の裏として死や冥府《めいふ》に結びついたという特性は説明できるが、出雲土着の神々が記紀神話に登場する事実を説明できないという欠点を持つと指摘している。

(2)天《あま》つ神《かみ》系諸族と、国《くに》つ神《かみ》系諸族の対立のような、二つの勢力の対立が実際にあった（喜田貞吉《きださだきち》や高木敏雄《としお》氏らの「民族闘争説」）。……だが松前氏は、全国各地の出雲系神社や出雲系氏族の分布を説明するのに適しているが、その具体的な対立の時期や事情がはっきりしないと指摘する。

(3)現地の出雲では、小規模の勢力の局地的交替があったが、朝廷でこれを大きく取りあげて、全国的なスケールにしたてた（井上光貞氏や上田正昭氏らの「出雲氏族交替説」がこれにあたる）。……これはヤマト建国後の出雲の内部闘争であり、考古学や文献資料によってある程度検証可能である。したがって、多くの歴史学者や考古学者がこの説を支持している。だが、これだけでは出雲神が大きな霊格として『記・紀』に取りあげられた理由が説明できないと松前氏はいう。

松前健氏は、このように三つの説を概観した上で、出雲神話そのものが複雑な成立過程をたどって成長したのだから、このなかのどれかひとつの説が正しいというのではない、とする。

ただし、松前氏自身は、三つの説のどれにも含まれない巫覡《ふげき》信仰説をそれぞれに当てはめれば、すべての説を一元化して説明できる利点がある、とする。

たとえば、出雲が「観念」にすぎないとする説が根強いが、では、なぜ神話のなかに、出雲土着の神が登場したのかといえば、出雲の巫覡らの信仰圏を特殊視し、高天原に対立的な世界と考えたとすれば、すんなり説明がつくと指摘した。

さらに、東西の出雲で勢力争いがあったとしても、なぜそれが中央の神話に取りあげられたのかといえば、巫覡らの最高支配者としての出雲大社の司祭職《しさいしょく》の交替があったから、と考えれば矛盾はなくなる、というのである。

◇天皇家に讃えられた出雲神

松前健氏の考えは、もっともなことだと思う。だが、出雲神話を絵空事と考え、「出雲」が大きく取りあげられたのが、後世の「巫覡《ふげき》」の活躍が原因だったと考えると、どうしてもわからないことが起きてくる。その例をいくつかここで挙げてみよう。

『日本書紀』には、次のような出雲神をめぐる話が載る。

出雲の国譲りの直前のことだ。大己貴神《おおなむちのかみ》（大国主神《おおくにぬしのかみ》）が浜辺を逍遙《しょうよう》しているとき、海に妖《あや》しい光が照り輝き、忽然《こつぜん》と浮かび上がる者がいた。

大己貴神が名を問うと、

「吾《われ》は汝《なんじ》の幸魂《さきみたま》奇魂《くしみたま》である」

といい、さらに、「ヤマトの三輪《みわ》山に住みたい」というので、いわれるままに宮を建て、移し祀《まつ》ったという（これが大物主神《おおものぬしのかみ》だ）。

現在、奈良県桜井市の三輪山を御神体《ごしんたい》として祀る大神《おおみわ》神社の起源がこれである

ない）。（ただし、実際にヤマト建国以前に、三輪山に大物主神《おおものぬしのかみ》が祀られていたわけでは

歴代天皇家は、どうした理由からか、出雲神祭祀を非常に重視しつづけた。たとえば、実在の初代ヤマトの大王《おおきみ》と目される崇神《すじん》天皇もそのひとりだ。疫病《えきびょう》が蔓延《まんえん》し、不穏な空気が流れるなか、原因を探るべく占いをさせた。すると、大物主神が現われ、

「我が子の大田田根子《おおたたねこ》を探し出し、わたしを祀らせれば、すべてがうまくいく」

という神託《しんたく》を下した。そこで神託どおりに行動すると、すべてがうまくいったのだという。

こうして崇神天皇は、その後大物主神をさして、「ヤマトを造成された神」と讃えたのである。どうにも腑《ふ》に落ちないのは、通説どおり、天皇家の観念上の敵が出雲神であったとするならば、どういうわけで、『日本書紀』のなかで出雲神が「ヤマトを造成した神」と讃えられなければならなかったのか、ということである。

さらに、天皇家と出雲の不可解なつながりといえば、初代神武天皇から幾世代

かにわたってつづいた、出雲神の娘との婚姻関係というものがある。

『日本書紀』には、神武天皇の正妃《せいひ》は、出雲神・事代主神《ことしろぬしのかみ》の娘・媛蹈鞴五十鈴《ひめたたらいすず》媛命《ひめのみこと》であったといい、第二代・綏靖《すいぜい》天皇の皇后は媛蹈鞴五十鈴媛命の妹の五十鈴依媛《いすずよりひめ》。第三代・安寧《あんねい》天皇の皇后は、事代主神の孫の渟名底仲媛命《ぬなそこなかつひめのみこと》であったとある。


一般に、初代から九代にかけての天皇は実在しないと考えられているから、初期天皇家の后妃の記述に出雲神の娘が紛れ込んでいても、ほとんど問題にされない。しかし、天皇家の誕生の直後、なぜいったんは出雲の国譲りで懲《こ》らしめ滅ぼした出雲神の娘を、「正妃」として迎え入れなければならなかったのか……。

「それは絵空事なのだ」、という説明は役に立たない。絵空事ならばなおさらのこと、もっとましなストーリー展開を用意できるはずだからである。

◇天皇家と出雲神の奇妙な関係

天皇家と出雲神のつながりは、これで終わったわけではない。

第十一代垂仁《すいにん》天皇の話だ。皇后・狭穂姫《さほひめ》との間の子・誉津別王《ほむつわけのみこ》は三十歳になりヒゲがふさふさになっても（八掬髯鬚《やつかひげ》）泣きやまず、その様子はまるで幼児のようで、言葉を発しなかったという。天皇は心配し、何かいい手はないかどうか、みなに相談した。

そんなある日、宮の上空に白鳥（鳴鵠《くぐい》）が飛んで来た。すると誉津別王はそれを見て、

「あれはなんでしょう」

と言葉を発したのだった。天皇は喜び、白鳥を捕らえるように命じた。すると白鳥は出雲に飛び去り、そこで捕らえられ、誉津別王に献上され、王は言葉を話せるようになった、とある。

『日本書紀』にしたがえば、垂仁朝と出雲の間にわずかな接点が見出される程度だが、『古事記』の場合、少し様子が違う。関係はもっと濃密になる。長くなるが、この話が後々重要な意味をもってくるので、内容をくわしくみておこう。

垂仁天皇の皇子・本牟智和気《ほむちわけ》（誉津別王）は、やはり成人しても言葉を話すことができなかった。ところがある日、空高く飛ぶ白鳥（鵠《くぐい》）の鳴く声を聴いて、はじめて口を動かし、片言をしゃべった。そこでこの白鳥を追わせると、木国《きのくに》

（和歌山県）、針間《はりま》国（兵庫県南部）、稲羽《いなば》国（鳥取県）、旦波《たにわ》国（京都府中部から兵庫県東部にかけて）、多遅摩《たじま》国（兵庫県北部）へと逃げ、さらに東に向かい、近淡海《ちかつおうみ》国（滋賀県）、尾張《おわり》国（愛知県）、そして科野《しなの》国（長野県）、高志《こし》国（北陸地方）の和那美《わなみ》の水門《みなと》（不明）に至り、ようやく捕まえることができたのだった。

『日本書紀』は、ここで御子が話せるようになったというが、『古事記』は、そうではない、とする。思うように話せるようにはなれなかったというのだ。

天皇は憂えたが、寝ているその夢のなかに出雲の神が現われ、教え諭《さと》していうには、

「我が宮を天皇の宮と同じようにつくり整えたならば、御子は必ず話せるようになるだろう」

ということなので、太占《ふとまに》で占ってみると、出雲の大神の祟《たた》りということがわかり、御子はお供を引き連れ、出雲に赴いたのだった。出雲の大神を参拝し終えた一行は、肥河《ひのかわ》（斐伊川《ひいかわ》）に仮宮《かりみや》を建て、そこで出雲国造の祖にあたる人物の饗《きょう》応《おう》を受けた。その場で御子は、とうとう言葉を発した、というのである。

この『古事記』の文面にしたがえば、本牟智和気の言葉の障害は「祟り」で、それは出雲神の「御心」だったというのである。

◆出雲が祟る意味

出雲神が祟《たた》ると『古事記』が記した意味はけっして小さくない。

まず第一に、話のなかで、本牟智和気《ほむちわけ》が出雲神に祟られるいわれはなかった。それにもかかわらず口がきけなかったのは、ヤマト朝廷全体が出雲に祟られる要因を抱えていた、ということである。祟りを「迷信」と笑殺《しょうさつ》することはできない。祟りは、「やましい気持ち」の裏返しだからである。

人々が祟りに怯《おび》え、実際に祟られたと感じ、これを信じ込んだのは、祟られる側が、何かしらのやましい感情をもっているからにほかならない。

そして、ヤマト朝廷が出雲に対しやましい心をもっていたというのは、過去において、出雲に対して何かしらの恨《うら》まれる行動を起こしたからにほかなるまい。ヤマト側の勝手につくりだした観念上の「悪」が「出雲」であるとするならば、本牟智和気の障害が「出雲の祟り」と思いつくはずもないからである。さらにひとつ付け加えるならば、「祟る神」は、日本の神の本来の属性だった、ということである。

多神教は、万物に精霊が宿るというアニミズムから派生したもので、唯一絶対の神が地球を支配するという一神教とは、根本的に発想を異にする。特に、対立し対決する善と悪という発想に乏しく、善と悪は表裏一体の二面性として捉えられている。その最たるものが「神」の属性であって、神は祟りをもたらす恐ろしい存在であるとともに、恵みをもたらす者でもあった。だから人びとは、神が祟らぬように、ひたすら祈り、祀《まつ》りつづけたわけである。

このように、日本の神は「神」と「鬼」の属性を兼ね備えていたのであり、出雲神が祟り神と恐れられたということは、出雲神こそが、最も「神らしい神」「神のなかの神」という認識を、ヤマトの人たちが抱いていた可能性を示唆《しさ》するのである。

記紀神話が、朝廷と天皇の権威を高めるために創作された物語だとすると、どうにも腑《ふ》に落ちないといったのは、このような「出雲」の存在があるからなのである。

これまでの考えにしたがえば、「出雲」は六世紀から八世紀にかけてヤマトで編み出された偶像だということになる。だが、その偶像に、どういう理由でヤマト朝廷が怯え、祀り、讃えなければならなかったのだろう。本当は、「恐ろしい出雲」には、しっかりとした根拠（歴史）があり、だからこそ八世紀の朝廷は、その真実を闇に葬ってしまったのではあるまいか。

そして、近年の山陰地方から発掘されたいくつもの遺跡は、「出雲が実在した」ことを、見事に証明してしまっている。つまり、これまでの出雲をめぐる古代史観は、根底から覆《くつがえ》されようとしているのである。

そこで次章では、いよいよ出雲の考古学をみていこうと思う。

第二章　出雲はそこにあった

◇出雲はなかったというかつての常識

出雲はなかった……かつて、ほとんどの人がそう信じていたのである。それは、端的にいってつい二十年ほど前まで、出雲から実際に考古学的にめぼしい発見がなかったからである。

弥生《やよい》時代を代表する、当時最先端の「利器《りき》」であり「祭器」であった青銅器《せいどうき》の発見も、昭和四十七年（一九七二）、島根県大原《おおはら》郡加茂《かも》町（当時）の神原《かんばら》神社古墳から、「景初《けいしょ》三年」銘のある三角縁神獣鏡《さんかくぶちしんじゅうきょう》や、昭和四十八年に八束《やつか》郡鹿島町（当時）の志谷奥《しだにおく》遺跡で見つかった銅鐸《どうたく》二個と銅剣六本がいっしょに出土したぐらいのものだった。出雲は北部九州や畿内《きない》とは比べものにならないほどの、青銅器の空白地帯だったのである。

このような状況だったから、たとえば、三谷栄一《みたにえいいち》氏の次のような一節をみれば、いかに出雲が軽視されていたかがわかる。

> 既に考古学などでも明らかにされているように、出雲地方には縄文《じょうもん》文化の遺蹟は極めて少く質量共に貧弱であり、前期古墳に入ってもその遺蹟は極めて

稀で、しかも東出雲に限られ、大和では応神《おうじん》、仁徳《にんとく》陵の如き古墳時代の黄金期を現出した中期古墳時代でも、出雲地方では意宇《おう》郡方面の、東出雲がその中心をなして分布するだけで、後期に入って漸く簸川《ひのかわ》平野を中心とする西出雲へ移行していったといわれるほど、出雲地方は日本神話と照応する年代記を遺蹟文化では形成していないのである。にもかかわらず、出雲国が日本神話の中において占める位置は極めて大きい。(『日本神話の基盤』塙書房)

また、青木紀元《あおききげん》氏は、『日本神話の基礎的研究』(風間書房)のなかで、次のように述べている。

出雲神話から更に飛躍して、出雲民族・出雲朝廷などというものの存在を信じ、これを大和民族・大和朝廷に対立させる考え方さえかつては行なわれた。日本神話の中の一部を出雲神話の名で呼ぶことは、先ず許せるとしても、それから直ちに出雲民族・出雲朝廷の存在を導き出すことは、誤りである。というのは、神話の世界と歴史事実とは次元が異なるからである。なるほど神話には、いくらかの歴史事実が反映していることがあろうけれども、結局は神話は作られたものである。

このような考え方が、これまでの一般的なものであった。

だが、事態は一変しつつある。というよりも、もはや事態は一変してしまったのである。

◇考古学の示す最新の出雲像

考古学の近年の発掘調査を机上で総合すれば、「出雲は実在した」ことはもはや否定しようがなく、存在していたどころか、三世紀のヤマト朝廷誕生の直前、西日本で最も影響力をもった地域のひとつに成長し、しかも、ヤマト建国をプロデュースした可能性さえみえてきているのである（その考古学の指摘については、おいおい述べる）。

しかも、ここからが問題なのだが……、その「実在した出雲」が、ヤマト建国の後、どうした理由からか、急速に没落していくのである。しかも、この後ヤマトを中心に、各地に「前方後円墳《ぜんぽうこうえんふん》」という新たな埋葬文化が伝播《でんぱ》していくが、出雲の地域は、「前方後方墳《ぜんぽうこうほうふん》」というへそ曲がりの古墳文化を選択していくのである（あるいは、ヤマトに強要されたか）。

三世紀のヤマト建国に出雲は大いにかかわり、また逆に、ヤマトが建国されると、どうした理由からか、急速に没落していった……これが、最も新しい考古学の示す出雲像なのである。

そうすると、ここで問題となってくるのが、記紀神話ではないだろうか。

八世紀の朝廷は、出雲が実在したこと、さらに、ヤマト建国に出雲が関与したこと、さらに、ヤマト建国の後、出雲が衰退したこと、これらの歴史を熟知していた可能性が出てくるのである。

その知識があったからこそ、「滅び去る出雲」の物語を創作したということになる。問題は、なぜ「史実」を「神話」につくり替え、しかも、「ヤマト建国と同時に、出雲の神々がこの世から消えてしまう」というストーリーをつくり上げたのか、ということになる。

つまり、ここ二十年の山陰地方での考古学の新たな発見の数々は、「出雲」のイメージを、根底から覆《くつがえ》してしまったのである。

そして、これまでの出雲をめぐる学説は、「出雲はない」ことが前提となって、「ないのにある」と証言する記紀神話の謎をどうやって解き明かそうかと躍起になっていたのだ。だが考古学の物証は、「あったものがなくなった」といっている。

出雲をめぐる謎解きは、こうして一八〇度転換しなければならなくなってしまったのである。

◆荒神谷遺跡の衝撃

では、考古学は出雲の何を掘り当てたというのだろう。どうして「出雲はたしかにそこにあった」、と考えられるようになったのだろう。

まずは、「出雲はなかった」という常識を覆《くつがえ》し、「出雲はそこにあったかもしれない」という驚きをもたらした二つの遺跡を紹介しよう。

昭和五十九年（一九八四）七月から、島根県松江市の西方、約三〇キロの農業の町、簸川《ひかわ》郡斐川《ひかわ》町の農道建設予定地が発掘調査された。

本格的な発掘がなされるこの前年、農道予定地の遺跡の「分布調査(予備調査)」がまず行なわれた。

『出雲国風土記』に「神名火山《かんなびやま》」として登場する仏経山《ぶつきようざん》の北側に低丘陵がひろがり、そのなかの大字神庭字西谷《おおあざかんばあざにしたに》という地名の小さな谷で、須恵器《すえき》の破片が見つかった。「荒神谷遺跡《こうじんだに》」の名は、すでにこの段階でついていたのである。

この場所に、何かが眠っていることは、すでにこのとき確認されていたわけだ。

しかし、古代史の常識を覆す世紀の大発見が行なわれようなどとは、まだだれも考えてはいなかった。住居跡か横穴墓《おうけつぼ》が地下に埋まっているのではないかと疑われただけである。

七月十一日、荒神谷遺跡にトレンチ（試掘のための溝）が二十か所設けられ、水田部から須恵器が掘り出された。翌日、水田から場所を移し、谷間の南向きの斜面に作業が広がると、今度は青銅の破片が、さらに、銅剣が数本、地中から顔を出したのである。

この時点で、県教育委員会は色めき立ったのだと、島根県教育委員会の三宅博《みやけひろ》士氏《し》は記している（『荒神谷遺跡』読売新聞社）。青銅器文化は、北部九州と畿内《きない》の二大勢力が中心だ。出雲はその中間であり、独自の青銅器文化などあるはずがないと決めつけられていたし、青銅器そのものの量が稀薄と信じ込まれていたからである。

だが、荒神谷に埋まっていた青銅器は、想像を絶していた。最初の発見の場所から、さらに九〇センチ奥まで掘り進めたところ、銅剣はびっしりと整然と並べられ、しかも、まだ先があったのだ。いったい、何本の銅剣が埋まっているのか皆目《かいもく》見当もつかなかった。

結局、コの字状に掘削されて造成された二段のテラス状の下段部から、四列に並べられた三百五十八本の銅剣群（弥生中期と考えられている）が出現したのである（A列・三十四本、B列・百十一本、C列・百二十本、D列・九十三本）。

ちなみに、この地に「神宝《しんぽう》」が埋まっていることは、『出雲国風土記』が記録していたことだった。

大原郡神原《かむはら》の郷《さと》の段には、

天《あめ》の下造《したつく》らしし大神《おほかみ》の御財《みたから》を積《つ》み置《お》き給《たま》ひし処《ところ》なり

とあり、大己貴命《おおなむちのみこと》の神宝を祀《まつ》った場所だったというのである。

それまでに全国で発掘された銅剣の総数が三百本余りだったから、一か所の遺跡（しかも何も出るはずがないと信じ込まれていた出雲から）だけで、日本中の銅剣の数を上回ってしまったわけである。

また、これらの銅剣は、弥生時代中期末（一世紀前半）の中細形《なかぼそがた》Cと呼ばれる型式で、中国地方の日本海側（要するに出雲を中心とする山陰地方）に特有の代物だった。

さらに、その翌年には、第二次発掘調査が行なわれ、銅剣の埋納《まいのう》された場所の右手（東方）の斜面から、銅矛《どうほこ》十六本と銅鐸《どうたく》六個が、同じ場

銅剣358本、6個の銅鐸と16本の銅矛が発掘された荒神谷遺跡

所に埋められていたのが見つかった。これも、常識はずれの発見になった。

というのも、それまで、銅鐸は「銅剣」とともに出土する例はあったが、「銅矛」との組み合わせは、日本ではじめてだったからである。

◇加茂岩倉遺跡の銅鐸の謎

出雲の非常識は、これで終わったわけではない。

荒神谷《こうじんだに》遺跡の東南三キロの大原《おおはら》郡加茂《かも》町（当時）の農道建設現場で平成八年（一九九六）十月、銅鐸《どうたく》が発見された。

まったくの偶然で、ショベルカーが山の斜面を崩している最中、土にまみれた青い物体を拾い上げたのだった。最初はポリバケツと思っていたが、洗ってみると銅鐸だった。あわてて作業は中断された。

これこそが、加茂岩倉《かもいわくら》遺跡出現のいきさつである。

最終的に、発掘された銅鐸の総数は三十九個（約四五センチのものが二十個、約三〇センチのものが十九個）で、これも驚異的な数字だった。なぜなら、加茂岩倉以前、ひとつの遺跡から出土した銅鐸は、滋賀県大岩山《おおいわやま》遺跡の二十四個が最高だった。また、銅鐸文化圏の中心であることを誇る奈良県から出土した銅鐸の「総数」が、二十個だったのである。

ちなみに、各地の銅鐸出土数を「旧国別」に挙げると、以下の通りである。摂《せっ》津《つ》国三十四個、河内《かわち》国十四個、大和《やまと》国二十個、和泉《いずみ》国十二個、遠江《とおとうみ》国三十個、三河《みかわ》国三十個、近江《おうみ》国四十一個。

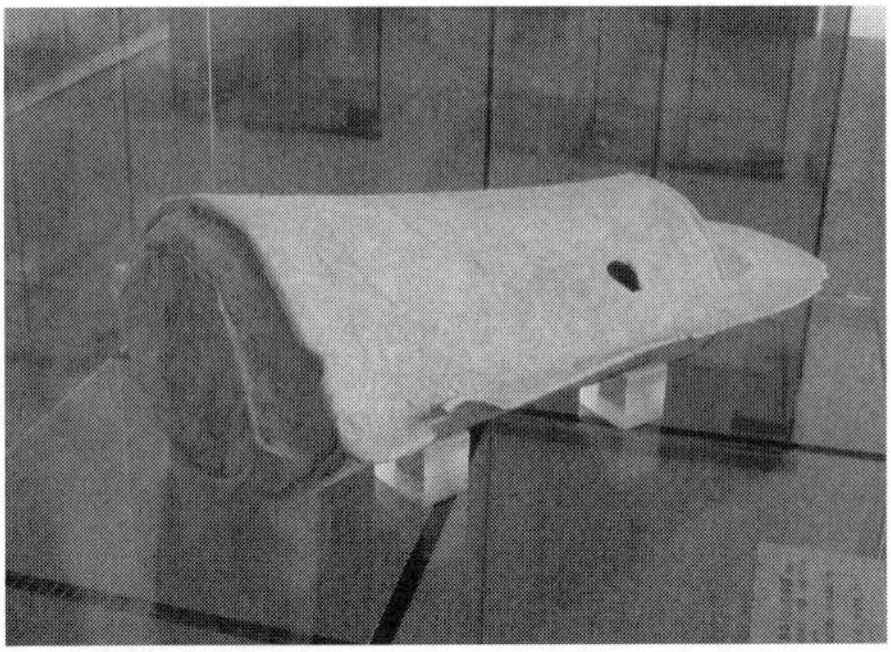
加茂岩倉遺跡から出土した銅鐸の「入れ子」

さらに、加茂岩倉遺跡は、大きな銅鐸のなかに小さな銅鐸を入れてセットにする「入《い》れ子《こ》」の埋納《まいのう》がはじめて確認された遺跡となった。

このように、出雲で発見された弥生時代の青銅器の遺跡は、どれもこれもそれまでの常識をことごとく覆す力をもっていたのである。

ちなみに、加茂岩倉遺跡は荒神谷からみて、東南に三キロほどの場所にあって、両者の間には、いくつかの共通点がある。

まず、どちらの遺跡も平地ではなく、細長い谷の奥に位置し、南を向いている。どちらも近くに水が湧いていて、斜面に青銅器が埋められていたのである。

さらに、ほとんどの青銅器に、謎の×印が記されていて、これは鋳造《ちゅうぞう》時ではなく、おそらく埋めるときに刻印されたものではないかと考えられている。また、銅矛《どうほこ》や銅剣は「刃」を上下に、銅鐸も「鰭《ひれ》」を上下に規則的に並べていること、「数」や「互い違い」という並べ方（これらは一種の呪術《じゅじゅつ》であり、中国の陰陽思想が反映している可能性が高い）にも、規則性があることが挙げられる。

◆出雲特有の青銅器

あらためて述べるまでもなく、弥生《やよい》時代は銅鐸《どうたく》や銅矛《どうほこ》、銅剣といった青銅器の全盛期であった。「道具としての」銅鐸や、「武器」としての銅矛・銅剣は朝鮮半島から伝わったが、日本に入ってからは、独自の使われ方と発展をした。すなわち、利器から祭器に変身していったのだ。そして、しだいに巨大化、大型化していったのである。特に、銅鐸は化けた。

銅鐸は弥生前期の終わり頃（紀元前一世紀、あるいはさらにさかのぼる可能性が高い）に日本で鋳造《ちゅうぞう》されはじめたが、この頃の銅鐸は、朝鮮半島同様、五～一〇センチと、道具として鳴らす銅鐸（鈴）で、小さなものだった。銅鐸の内側には棒状の「舌」が吊され、これが揺れて銅鐸の側面にあたり、金属音を鳴り響かせたわけである。

また、銅鐸にはシカやサギ、トンボなどの動物の絵画が描かれることがあって、これらは土地の精霊や水田の神を表わし、稲作とかかわっていると考えられる。そのため、たとえば宍道正年《しんじまさとし》氏（島根県教育庁埋蔵文化財調査センター所長）は、このような銅鐸は、祭りの場で鳴らし、銅鐸の絵を見ながら、「聖なる語り」をしていたのではないかとする（『銅鐸の謎』島根県加茂町教育委員会編　河出書房新社）。

そして、弥生中期以降、畿内を中心とする瀬戸内海東部の地域では、銅鐸は別のものに化けていく。最終的には一メートルを超え、もち上げることもできないほどの大きさになり、「見て鳴らす銅鐸」ではなく、「見る銅鐸」「仰ぎ見る銅鐸」になっていった。

ここが大切なところだが、弥生時代の青銅器文化圏は、北部九州を中心に瀬戸内海西部に広がる銅矛、畿内を中心に瀬戸内海東部に広がる銅鐸という、おおまかに見て二大文化圏を形成していたのだった。

ところが、出雲の地で、このような概念を覆《くつがえ》すかのような、青銅器が見つかったわけである。考古学界のみならず、史学界は激震に見舞われたのである。もっとも、だからといって、すぐに「出雲はあった」と認められたわけではなかった。

たとえば、大量の青銅器は出雲でつくられたわけではなく、他の地域でつくられ、よそのだれかが、出雲に埋めたのではないか、とする説がある。

出雲は弥生時代の二大文化圏のちょうど中間にあたり、二大勢力双方の「境《きょう》界祭祀《かいさいし》」の場に選ばれたのではないかとするのである。

実際、加茂岩倉《かもいわくら》遺跡で発見された銅鐸の多くは畿内でつくられたとみて間違いなさそうである（ただし、出雲の地から銅鐸の鋳型《いがた》が発見されれば、全く話は別になるが）。ただし、三十九個のうちの三〜五個は、出雲でつくられた可能性がある。なぜそのようなことがいえるのかというと、すでに触れた、シカやトンボを描いた銅鐸の紋様が特殊で、絵画部分が二段に分けられているなどの特徴は、出雲ではじめて発見されたものだったからだ。

かつて、銅矛、銅鐸供給の中心はそれぞれ、北部九州と畿内にあったと信じられていたから、出雲から大量の青銅器が出土しても、それは、出雲が北部九州や畿内の強い影響下にあったことの裏返しにすぎない、と考えられがちである。だが、出雲に特有の銅鐸の紋様が出現した意味は、小さくないはずだ。

◇なぜ大量の青銅器が出雲に埋められたのか

二つの遺跡は、青銅器文化圏の問題だけでなく、それ以外にも、謎をもたらしている。なぜ出雲では、弥生時代の大量の祭器を土中に埋めてしまったのか、という疑問もそのひとつだ。

ちなみに、青銅器を地中に埋めること自体は、ごく一般的に各地で行なわれていた。北部九州では銅鏡などを副葬品として墓に入れた。瀬戸内海東部以東の銅鐸文化圏では、銅鐸が小高い斜面のなんの目印もない場所にぽつりと埋められていることがほとんどなのである。

ただ出雲の場合は、埋納《まいのう》の「数」が突出していることが問題となった。なぜこんなに多くの青銅器が埋められたのだろう。

いろいろな説がある。

(1)外敵に襲われ、あわてて大切な青銅器を土中に隠したとする説。(2)穀物の神、豊饒《ほうじょう》の神を祀《まつ》るために、地上で使っていた青銅器を土中に埋め、捧げものとした。(3)青銅の祭器は周辺の集落に配っていて、土中で保管していた。(4)埋められていた場所は神聖な場所で、祭りのときにだけ外に出された、などなどである。

これに関連して、荒神谷《こうじんだに》遺跡に埋められていた銅剣の数と、『出雲国風土記』に記されたこの地域一帯の神社の数が、ほぼ重なる、という指摘がある(山本《やまもと》清《きよし》氏、相見英咲《そうみえいさく》氏、武光誠《たけみつまこと》氏など)。

また、春成秀爾《はるなりひでじ》氏は、「価値のある財」を神に奉納するアメリカ大陸北西海岸のインディアンの例を引き合いに出し、「銅鐸《どうたく》は神を招き豊作をもたらす祭器」であること、弥生時代には、縄張りの境界付近で祖霊を祀り、加護を得ようとしたのだろうとし、出雲では、畿内や北部九州勢力のそれぞれの象徴《しょうちょう》を神に捧げることで、二大勢力からの訣別《けつべつ》を表わしたのかもしれない、と述べている(『季

刊考古学　別冊７　加茂岩倉遺跡と古代出雲』佐原真《さはらまこと》編　雄山閣）。

弥生時代中期末から後期に入った頃、大きな流れでいえば、畿内で「聞く銅鐸」から「見る銅鐸」へと変化をはじめる頃、出雲が銅鐸そのものをほとんど無視してしまったことは明らかで、また、中細形《なかぼそがた》Ｃという剣を編み出し、独自性を芽生えさせたことはたしかなのである。つまり、「聞く銅鐸」を土中に埋納し、それまでの周辺から青銅器をもらい受ける立場から一歩足を踏み出し、新たな方向性を、この時期に出雲が見出したのであろう。

多くの物証から考えて、たしかにこの時代、出雲は、大きく動き出したとしか思えない。

たとえば、「山陰系土器」というものがある。

鼓《つづみ》の形をした器台（鼓形器台《つづみがたきだい》）の上に壺を乗せ、杯《さかずき》のようなものを蓋《ふた》にして添える、という代物だった。これが、山陰地方を中心に、越《こし》（北陸）まで影響力をもつようになるのである。

それだけではない。その後、荒神谷、加茂岩倉《かもいわくら》の二つの遺跡のすぐ近くで、それまでにはありえなかった大きな墳丘墓が、誕生していくのである。

それが、出雲市大津町の西谷墳墓群《にしたにふんぼ》であり、そのなかでも四隅突出型墳丘墓《よすみとっしゅつがたふんきゅうぼ》が問題となってくる。

◇四隅突出型墳丘墓の謎

出雲の奇妙な墓の存在は、すでに昭和四十五年（一九七〇）頃に知られていた。基本的には長方形や正方形なのだが、その四隅に、舌のようなヒトデの足のような奇妙な出っ張りがある。

大きいものでは、一辺が四〇メートルほどもある。また、斜面に貼石《はりいし》を伴うことが多く、のちに触れるように、この貼石が、前方後円墳《ぜんぽうこうえんふん》の「葺石《ふきいし》」となっていった可能性が高い。

これが、弥生時代後期、出雲を中心に、越《こし》にいたる日本海側でつくられた四隅《よすみ》突出型墳丘墓《とっしゅつがたふんきゅうぼ》である。

一辺四〇メートル以上の墳丘墓は、西谷三号墓、西谷四号墓、西谷九号墓と名づけられているが、なかでも西谷三号墓は、唯一発掘されたことで名を挙げた。四隅の形が一番はっきりしていたことから、この西谷三号墓に、白羽の矢が立っ

弥生時代後期、出雲を中心に日本海側につくられた四隅突出型墳丘墓

たのだった。

発掘の結果、いろいろなことがわかった。

三号墓は、丘陵を利用し、削り出すように形が整えられていた。

墳頂《ふんちょう》部《ぶ》には遺体を埋めた坑《あな》が二つあって、その周辺から、大量の土器が出てきた。死者の埋葬の儀式に使われた供献土器群だ。土器の三分の二は、「山陰系」で、残りは吉備《きび》によくみられる「特殊器台《とくしゅきだい》」と、丹後《たんご》地方や北陸地方の土器であった。

さらに、男性の埋葬者の棺《かん》のなかには、大量の朱《しゅ》が敷かれ、鉄製の短剣、ガラス製のネックレスの管玉《くだたま》が副葬されていた。別の棺には大量の玉類（ガラス、碧玉《へきぎょく》製で、合計二百個）だけが副葬されていて、女性が眠っていたとみられている。なかでも異彩を放ったのは、ガラス製のコバルトブルーの「異形勾玉《いぎようまがたま》」で、前代未聞の珍品であった。

もうひとつおもしろいのは、墳頂部に残された四本の巨大な木柱の跡で、柱の直径は三〇～四〇センチ、さらに添え柱をしつらえた、強固な構造物を想像させる代物だ。墓の主を埋棺《まいかん》し、このようなオブジェを墳丘墓の上に立てて何をしていたのかといえば、儀式、儀礼であろう。

山陰地方の巨大な四隅突出型墳丘墓は、この出雲市大津町の西谷墳墓群のほかに、島根県安来《やすぎ》市塩津《しおつ》墳墓《ふんぼ》群、鳥取県鳥取市西桂見《にしかつらみ》墳墓群が知られる。

そして、西谷三号墓を含むこの墳墓群が残した問題は、大きく分けて二つある。

ひとつは、出雲と「海」のつながりであり、もうひとつは、出雲の「王の誕生」である。

以下、なぜそのようなことがわかってきたのか、少し説明しよう。

◆出雲に残る濃厚な海の信仰

ではまず、「出雲と海」について考えてみよう。西谷《にしたに》墳墓《ふんぼ》群の所在地と海は密接な関係にある。

現在では出雲平野を貫通し、宍道湖《しんじこ》に抜ける斐伊川《ひい》だが、太古には、平野に降りてから流れを東ではなく西に向け、『出雲国風土記』にみえる神門《かむど》の水海《みずうみ》を通って日本海に注いでいた。

その、神門の水海は、日本海に突き出た「潟《かた》（ラグーン）」という天然の良港であり、古代日本海の海運を考える場合、重要な意味をもってくる。朝鮮半島南部の海岸地帯から舟を漕ぎだし、西南から流れくる対馬《つしま》海流に乗れば、至極簡単に、神門の水海にたどり着いたであろうことは、想像に難くない。

かつてなかった巨大な首長墓「西谷墳墓群」の出現は、神門の水海の存在なくしては、ありえなかっただろう。

実際、出雲の神々は、「海」や「水」の要素で満ちている。

出雲の冬は、北西の季節風が厚い雲を日本海から運び込む季節でもある。十一月の半ば前後、空の色と海の色は、一気に変わり、これを地元では、「お忌《い》み荒れ」といっている。

そしてこの頃、出雲大社（杵築《きづき》大社）最大の祭りで日本中の神が出雲に集まるという、神在祭《かみありまつり》が行なわれるのである。

神在祭は、沖合から海蛇が到来しなければはじまらない。

ここにある「海蛇」は、黒潮に乗って遙か南方海域からこの時期に必ずやって来る、セグロウミヘビで、出雲の人びとは、これを竜神のお使いと信じ、崇《あが》めている。

出雲大社の背後の山を、かつては「蛇山」と称していたが、それは出雲の人びとの蛇に対する信仰の篤《あつ》さを物語っている。

また、出雲大社ばかりでなく、周辺の日御碕《ひのみさき》神社や佐太《さだ》神社、美保《みほ》神社といった出雲を代表する神社の多くが、海蛇を「竜蛇さま」と呼び、丁重に祀《まつ》っていた。現在では佐太神社で竜蛇信仰が色濃く残っている。

蛇は中国から竜神思想が伝わる以前の原始的な信仰形態といってよく、両者は習合していくが、日本では縄文中期から蛇を敬う伝統をもつ。

◇呪術を用いて海に消えた出雲神・事代主神

出雲と海蛇のつながりは、中央にも知れ渡っていたようだ。

垂仁《すいにん》天皇の段の、例の口のきけない本牟智和気《ほむちわけ》の話だ。出雲の祟《たた》りとわかり、本牟智和気は出雲に出向き、大神の宮を拝したので、言葉を発することができるようになった、という話である。

この場面で、本牟智和気は出雲の、肥長比売《ひながひめ》と結ばれるのだが、そっとその姿を見てみると蛇だった。驚いた本牟智和気が思わず逃げ出すと、肥長比売は悲しんで海原を照らして追って来た。いよいよ恐ろしくなった本牟智和気は、そのままヤマトにまで逃れてきたという。

出雲の海蛇が強烈な印象として伝わっていたのは、出雲と「海・水」がつながっていたからである。

出雲と海のつながりを考える上で興味深いのは、加茂岩倉《かもいわくら》遺跡から出土した銅《どう》鐸《たく》のなかで、出雲固有と思われる代物のなかに、「海亀」の絵が描かれていたことだ。

銅鐸に描かれる「亀」は一般的にはスッポンで、出雲の海亀は、例外中の例外だった。海亀を描いた銅鐸が出雲で発見された意味は大きい。それほど出雲と海は密接につながっているからだ。出雲が海蛇を敬うのは、出雲が「海の国」だからである。

島根半島の東のほぼ突端、松江市美保関町美保関《みほのせき》の美保神社で行なわれる青柴《あおふし》垣《がき》神事のクライマックスは、頭屋《とうや》（神籤《みくじ》によって順番に神に仕えることが決まり、頭屋は長い年月潔斎《けっさい》をし、神を祀《まつ》る）らが沖合に舟を漕ぎだし行なわれる。ちなみに、このとき同行する頭屋の妻女の出で立ちは、葬式の礼装そのものとされている。なぜ、神聖な祭りのなかで、神を葬《ほうむ》る仕草をしているのだろう。実は、この祭りは、出雲神話を再現しているのだという。

出雲の国譲りに際し、事代主神《ことしろぬしのかみ》は天《あま》つ神《かみ》に恭順した。そして国を献上するといい、自らは、船を踏み傾けて、天《あま》の逆手《さかて》（呪術《じゅじゅつ》的な動作。手の甲と甲を合わせたものか）を打って船を青柴垣（青い柴の垣で、神のこもる場所を示している）にして、隠れてしまったのだという。

事代主神は呪術を用いて入水《じゅすい》して果てた。海に沈んだのは、出雲の神が水とかかわるからである。

出雲神を祀る出雲の国造家《こくそうけ》が亡くなると、かつては赤い牛に結びつけ、池に沈めたのだという。出雲市の東南に位置する菱根《ひしね》池が、それである。国造《くにのみやつこ》は「死なない」のだから墓には埋めない、というのがその主旨だと千家《せんげ》尊統《たかむね》氏は述べている（『出雲大社』学生社）が、それよりも、「水葬」すること自体に大きな意味が隠されているのではなかったか。

島根半島の北西端にあり、素戔嗚尊を祀る日御碕神社

どうやら、山陰地方の日本海側では、近世にいたるまで「水葬」が盛んに行なわれていたようである。しかし、江戸時代には、「水が汚くなるから」という理由で、水葬禁止令が出されている。事代主神が海に消えたという伝承も、山陰地方の習俗に根ざしていたわけである。

このように、出雲が「水・海」と強烈につながっている意味は大きい。そして、弥生時代の後期に、なぜ出雲の西部に、巨大な四《よ》隅《すみ》突《とつ》出《しゅつ》型《がた》墳丘《ふんきゅう》墓《ぼ》が登場したのか、その理由を知る上でも、出雲と「海・水」の強烈なまでのつながりを、無視することはできない。

つまり、西谷墳墓群《にしたにふんぼぐん》は、この斐伊川《ひいかわ》と神門《かむど》の水海《みずうみ》に育まれた、流通を支配する首長の墳墓だったと推測がつく。

◇出雲と越の強い関係

西谷墳墓群《にしたにふんぼぐん》が誕生した弥生時代後期、四隅突出型墳丘墓という新たな埋葬文化は、越《こし》（北陸）の地にも伝播《でんぱ》していった。墳丘墓ばかりではなく、土器などの文物も運ばれていった。このような流れは、「神話」に描かれた風景を彷彿《ほうふつ》させるものがある。

『出雲国風土記』の国引き神話では、越の国の都都《つつ》の三碕《みさき》を引っ張ってきたといい、「天《あめ》の下造《したつく》らしし大神《おおかみ》・大穴持命《おおあなもちのみこと》が越の八口《やくち》を平定した」とある。

もちろん『出雲国風土記』の記事は、西谷墳墓群のある出雲西部ではなく、出雲東部の意宇《おう》郡の話として出てくるところに問題が残るが、これは、『出雲国風土記』を記録したのが、意宇郡に本拠地をもつ出雲国造家《こくそうけ》だったからだろう。

それよりもここで大切なことは、「出雲」が越にいたる日本海沿岸の弥生時代後期に強い影響力をもっていたこと、そしてこの事実が、『出雲国風土記』に記録されていたことなのである。また、『古事記』の神話にも、出雲と越の濃厚な関係が記録されている。

それは、有名な稲羽《いなば》の素兎《しろうさぎ》と大国主神《おおくにぬしのかみ》（大穴牟遅神《おおなむじのかみ》、大己貴命《おおなむちのみこと》）の受難の物語の後に出てくる、沼河比売《ぬなかわひめ》（奴奈川姫《ぬなかわひめ》）の悲話だ。

出雲の八千矛神《やちほこのかみ》（大国主神）は、高志《こし》国（越）の沼河比売と結婚しようと訪ね、歌を交わし、結ばれた。だが、嫡后《おおきさき》（正妻）の須勢理毘売命《すせりびめのみこと》が激しく嫉妬した。そこで、八千矛神は出雲から倭国《やまとのくに》（ヤマト）に上るため身支度をすませて馬に乗ろうというそのとき、須勢理毘売命と歌を交わし、須勢理毘売命は八千矛神に、大御酒坏《おおみさかずき》をわたし、杯を交わして互いに、手を首に掛けあって仲直りをされ、その地にそのままの姿で鎮座しているのだという。

ちなみに、ここに登場する高志国の沼河比売にまつわる話は、北陸地方のあちこちで、口碑伝承《こうひでんしょう》として受け継がれている。

地元では、「奴奈川姫」と書かれ、この名のなかにある「ヌナ」の「ヌ」は、「瓊《ぬ》＝ヒスイ」を意味している。

ヒスイは縄文時代以来、日本列島で珍重されてきた宝石で、なかでも新潟県糸《いと》魚川《いがわ》市周辺で取れるヒスイが神聖視されていたようだ。長野県北部から新潟県南部に流れる姫川《ひめかわ》流域が主な産地である。

ヒスイは川底、海底から湧くように産出するため、いつしか、海神《わたつみ》のもたらす神宝《しんぽう》という考えができあがったようだ。

ヒスイは日本から朝鮮半島にももたらされたが、あちらでは、「装飾品」として扱われ、けっして神聖視されていたわけではない。日本列島におけるヒスイに対する信仰そのものが特殊だった。

ところで、『万葉集』巻十三—三二四七の歌は、「ヌナ」の歌だ。

渟名川《ぬなかわ》の　底《そこ》なる玉　求めて　得《え》し玉かも　拾《ひり》ひて　得し玉かも　惜《あたら》しき
君《きみ》が　老《お》ゆらく惜《お》しも

渟名川の底にある玉、求めてようやく見つけて手に入れた玉。その玉のように大切なあなたが、年をとっていくのは、惜しまれて仕方ない……。これが歌の意味なのだが、ここにある渟名川は、姫川の古い名と考えられている。

「ヌナ＝ヒスイ」について触れたから、ついでにもうひとつ余計なことをいっておくと、『魏志《ぎし》』倭人伝《わじんでん》には、邪馬台国《やまたいこく》の台与《とよ》（壱与《いよ》）が、ヒスイの勾玉《まがたま》を魏《ぎ》に献じた、と記されている。卑弥呼《ひみこ》ではなく台与がヒスイをもたらした、というところに大きな意味が隠されていると思うのだが、なぜこのようなことをいい出したかについては、のちにふたたび触れようと思う。

それよりも、今ここで問題なのは、越（北陸）には、海や川のもたらす「神宝・ヒスイ＝ヌナ」があって、出雲神が「ヌナの姫＝沼河比売」を求めてやって来たことが神話化されていることなのである。

ヒスイを貴重な交易品と考えた出雲の人びとが、越と交流を盛んにしていったことの証《あかし》だろう。

◆山陰の弥生時代の印象を塗り替えた鳥取県の遺跡

四隅突出型墳丘墓《よすみとつしゅつがたふんきゅうぼ》は、出雲周辺で盛んにつくられ、日本海沿いに越《こし》（北陸）あたりにまで影響をもたらした。そして、その出雲と越とのつながりを暗示する神話が残され、弥生時代後期と神話の関係を彷彿《ほうふつ》させていったのである。

このような弥生時代後期の出雲の活発な動きを見事に証明してくれた遺跡が、昭和六十三年（一九八八）に見つかっている。古代史の根幹を揺るがしかねない大発見である。

一般には、近年の考古学上の最大級の発見といえば、吉野ヶ里《よしのがり》遺跡や、三内丸《さんないまる》山《やま》遺跡、飛鳥《あすか》の酒船石《さかふねいし》遺跡（亀石その他）などがよく知られている。

だが、日本海側の鳥取県の二つの遺跡、青谷上寺地《あおやかみじち》遺跡（鳥取市青谷町青谷）と妻木晩田《むきばんだ》遺跡（米子市西伯《さいはく》郡淀江《よどえ》町・大山《だいせん》町）の発見も同等かあるいはそれ以上の意味をもっている。その名があまり知られていないことの方が、むしろ意外な感じがするほどだ。

おそらく、全国紙やテレビが吉野ヶ里や三内丸山ほど騒がなかったのが大きな理由であろう。そして、なぜマスメディアが沈黙しているかというと、史学界全般が冷淡だったからではあるまいか。

多くの学者は、二つの遺跡のもつ重要性に気づいていても、「さわらぬ神に祟《たた》りなし」を決め込んでいるのではないかと思える節がある。二つの遺跡は、これまでの古代史観を根底から覆すほどの意味をもっていたからである。

ところで、この二つの遺跡のうち、青谷上寺地遺跡では、弥生人の脳みそが腐らずに見つかったことでニュースになった。これも大事件に変わりはないのだが、大きな歴史の流れという視点からは、もっと大切な発見が、いくつもあった。

鳥取県の二つの遺跡の大切なところは、なんといっても、二つの遺跡ともに、日本海に面し、天然の良港をもち、朝鮮半島から出雲、そして越へという流通の要《かなめ》にあったこと、邪馬台国《やまたいこく》やヤマト建国の直前、弥生時代の後期に繁栄を誇っていたことである。すなわち、これらの遺跡は、弥生時代後期の山陰地方の交流が、「出雲」という「点」から、日本海づたいに「線」でつながっていたことを今に伝えているのである。

さらには、青谷上寺地遺跡から大量の傷ついた遺骸（殺傷人骨）が出土し、しかもこれが、『魏志《ぎし》』倭人伝《わじんでん》などに記される「倭国乱《わこくのらん》」の時代にあたることがわかった。つまり、鳥取県周辺で何かしらの争乱が起きていた可能性がでてきたのである。

鳥取県は、これまで古代史の空白地帯といっても過言ではなかった。

神話では、稲羽《いなば》の素兎《しろうさぎ》が有名だったが、これも「出雲神話」とひとくくりにされてしまうから、印象は薄い。しかも、出雲にもまして考古学上の発見に乏しい地域でもあったから、これまで、ほとんど注目されることはなかった。

鳥取県の遺跡で全国のニュースをにぎわせたものといえば、平成三年（一九九一）の発掘調査で、鳥取県西伯郡（当時）淀江町福岡の白鳳《はくほう》時代の寺院跡（上淀《かみよど》廃寺《はいじ》）から、彩色壁画片五千三百九十四点が発見された事件があげられる。

白鳳期の壁画といえば、法隆寺《ほうりゆう》金堂壁画が有名だが、戦後間もなく、失火で焼失した。したがって、この発見は、美術史的にも非常に大きな意味があった。

だがいっぽうで、弥生時代の鳥取県の遺跡が世間の耳目《じもく》をひいたことはなかったのだ。

西日本最大級の弥生遺跡で、弥生時代の中頃から奈良時代までつづいた青木遺跡（米子市《よなごし》）や尾高浅山《おだかあざやま》遺跡（米子市）、目久美《めぐみ》遺跡（米子市）なども名高いが、青谷上寺地遺跡、妻木晩田遺跡ほどのインパクトはない。

◆青谷上寺地遺跡は弥生時代の博物館

では、この二つの遺跡のどこが大きな意味をもっていたのだろう。
そこでまず、青谷上寺地《あおやかみじち》遺跡からみていこう。弥生時代中期後半から後期を中心にしたこの遺跡を一躍有名にしたのは、先ほど述べたように、なんといっても、弥生人の脳みそが腐らずに残っていたことである。

弥生時代後期の多数の遺骸が出土した青谷上寺地遺跡

平成十二年（二〇〇〇）五月、殺害されたと思われる弥生時代後期の三体の遺骸（男性二、女性一）が見つかった。粘土質の湿地という条件が幸いして酸素が遮断され、奇跡的に、弥生人の大脳などの脳組織が残っていた。このような発見は国内初の快挙であり、全国紙の一面を飾ったのである。

脳の組織が腐らずに見つかったということは、DNA鑑定ができるということで、遺体の体格や毛髪、遺伝病といった身体的特徴だけでなく、弥生人のルーツを知るうえでも重要な意味をもってくる。また、複数の脳みそが見つかったこと、また、その他の多くの遺体の骨や歯を調べることで、集落の「系譜」を復元することも夢ではなくなったのである。

「弥生人の脳」は、非常に印象に残る事件となった。映画「ジュラシック・パーク」のストーリーと重ね、弥生人が再生されるかもしれない、という夢もおもしろい。

だが、青谷上寺地遺跡の真骨頂《しんこっちょう》は、もっとほかにある。

青谷上寺地遺跡の特徴は、その埋蔵していた遺物が想像を絶するほどの量だったこと、海岸まで一キロという地点の立地で、地中の水分が多かったことから、遺物の保存状態が抜群に良好だったことだ。したがって、この遺跡は「地下の弥生の博物館」「弥生の宝箱」、と呼ばれるようになったのである。

それだけではなく、低湿地では腐敗して残らないだろうといわれていた「鉄」も、実際にはその逆でよく保存されていて、青谷上寺地遺跡が、鉄器の非常に多い遺跡であることも判明したのである。

青谷上寺地遺跡の発掘のきっかけは、国道九号線と県道の建設工事だった。平成十年から、道路予定地で、道路の形にほぼ沿って帯状に「線」の形で発掘調査が行なわれた。

この結果、木製品九千点、骨角《こつかく》製品千四百点、人骨五千五百点、獣骨二万七千点、鉄製品二百七十点（朝鮮半島や中国製のものが含まれる）という、とてつもない遺物が出現したのである。

すでに触れたように、発掘は「面」ではなく、「線」であったのに、これだけの出土品があったということは、「面」で掘り進めれば、想像を絶する量の遺物が出現するに違いないのである。

いったい、青谷上寺地遺跡には、どうしてこれだけの遺物が残されたのだろう。

答えはその立地条件にあった。

青谷上寺地遺跡は、現在の青谷平野の中心に位置するが、弥生時代はすぐ目の前に「潟《かた》＝ラグーン」が入り込んでいて、その潟に寄り添うように、集落を形成していたのである。そして、溝がいくつも見つかり、矢板（土砂の崩れを防ぐ板状の杭《くい》）が出土した。これは水路で、水上交通を重視した集落であったことはたしかなようだ。

つまり、交易に適した地の利を得ていたことが、青谷上寺地に繁栄をもたらした、ということになる。そして、この地の交易の範囲は、日本国内だけではなかった。海外ともさかんに往き来をしていたようだ。中国の銭（貨泉《かせん》。新《しん》の時代の西暦一四年に鋳造《ちゅうぞう》された）や、既述の鉄器、朝鮮半島の土器などが見つかっている。

◆初めて見つかった「倭国乱」の痕跡

そして、青谷上寺地《あおやかみじち》遺跡を語る上で、もうひとつ忘れてならないのが、大量の人骨と戦乱の痕跡である。

青谷上寺地遺跡は、弥生時代中期後半から弥生時代後期に繁栄していたことがわかっているが、これは、中国の文書に記された「倭国乱《わこくのらん》」の時期と重なっている。

『魏志《ぎし》』倭人伝《わじんでん》には次のようにある。

その国、本《もと》また男子を以《もつ》て王となし、住《とど》まること七、八十年。倭国乱れ、相《あい》攻伐《こうばつ》すること歴年《れきねん》、乃《すなわ》ち共に一女子を立てて王となす。名づけて卑弥呼《ひみこ》という。

ここにある「倭国乱れ」の正確な時期は、『魏志』倭人伝を読んだだけではよくわからない。いっぽう、五世紀に編まれた『後漢書《ごかんじょ》』には、「桓霊《かんれい》の間」とある。

それは後漢の桓帝《かんてい》と霊帝《れいてい》の治世の時代だった、ということで、これは西暦一四七〜一八九年のこととなる。また、七世紀に編まれた『梁書《りょうしょ》』によると、もう少し狭まって、西暦一四七〜一八三年のこととしている。

いずれにせよ、二世紀後半のことで、この頃、日本ばかりでなく、中国大陸も動乱の嵐に見舞われていた。というよりも、中国大陸の激震が朝鮮半島を揺らし、その余波が日本列島に伝わっていったと考えた方が正確だろう。

それはともかく、二世紀後半は、要するに弥生時代後期にあたり、当時の倭国が、争乱の時代を迎えていたことがわかる。そして、青谷上寺地遺跡は、まさにその動乱の時代の遺物にほかならなかった。

先述した「新鮮な脳みそ」の主《ぬし》も、戦乱によって殺害されていた疑いがある。三体は、無造作に弥生時代後期（二世紀後半、すなわち倭国乱の時代にあたる）の水路に転がっていたからだ。

水路の遺骸は、この三体だけではなかった。男性のみならず、女、子どもを含めた大量の人骨（九十体以上）が埋もれていて、それはまさに、散乱という言葉が相応《ふさわ》しいありさまだった。しかも、傷ついた人骨は、治癒した形跡がなく、戦闘で負傷して、そのまま亡くなっていた可能性が高い。金属製の武器で傷ついたものが多かったからだ。

青谷上寺地遺跡の人骨の殺傷痕が、集団間の戦闘によるものなのか、そしてそれが、いわゆる「倭国乱」の動かざる証拠となるのか、はっきりと断定できるわけではない。けれども、これまでにはなかった規模の大量の遺体が捨てられるように埋まっていた意味は、けっして小さくないだろう。

つまり、青谷上寺地遺跡の発見によってわかったことは、弥生後期のこの地域の発展と争乱であり、さらには、多地域とのさかんな交流の痕跡、そして鉄器の大量所有といえるだろう。

そこで次に、鳥取県を代表するもうひとつの弥生遺跡妻木晩田《むきばんだ》遺跡を見てみたい。

◇驚異の妻木晩田遺跡

中国地方を代表する大山《だいせん》の麓に位置する妻木晩田《むきばんだ》遺跡（西伯《さいはく》郡大山町から米子市淀江《よどえ》町にまたがる晩田《ばんだ》山丘陵）の発掘は、当初なんの期待もなく、鳥取県の計画したゴルフ場建設に先駆けて行なわれた。

だが、作業が進むにしたがい、常識破りな遺跡であることがわかり、保存運動の高まりから、鳥取県はゴルフ場建設を断念したといういきさつがある。

とにかく広大な遺跡である。

邪馬台国《やまたいこく》ではないかと一時騒がれた佐賀県の弥生時代の環濠《かんごう》集落・吉野ヶ里《よしのがり》遺跡の一・三倍、一五二ヘクタールという日本最大級の弥生集落である。

特色は、標高一〇〇～一五〇メートルの丘陵地帯全体に、ありとあらゆる遺跡

弥生時代の環濠集落と墓地からなる吉野ヶ里遺跡

が散らばっていることだ。また、眼下には、かつて日本海から潟《かた》が入り込んだ地形が広がっていた。

つまり、この地も、交易を主体として繁栄した疑いが強いのである。発掘はまだ全体の十分の一しか進んでいないが、これまでに見つかっているものは、環濠や竪穴《たてあな》住居跡四百棟以上、掘立柱《ほったてばしら》建物跡五百以上、四隅突出型墳丘墓《よすみとっしゅつがたふんきゅうぼ》を含めた墳墓三十四基にのぼる。

この地に集落ができたのは、弥生時代中期末（西暦一世紀前半頃）のことだった。こののち弥生時代後期後葉（二世紀後半か）に遺跡は最大規模になり、またその直後の、ヤマト建国＝古墳時代の到来の後（三世紀後半か）、住居はほとんどが消えてしまうという不思議な経緯をたどる。このあたりの事情は、青谷上寺地《あおやかみじち》遺跡とほぼ重なっている。「倭国乱」の時代に、この地が発展していたことは確かなことだ。
そして、妻木晩田遺跡でも、青谷上寺地遺跡同様、二百点以上という大量の鉄器が発見されている。

200点以上の鉄器が出土した妻木晩田遺跡

鉄器は農具や工具が中心で、朝鮮半島や北部九州製のものや、この地でつくられたものが混じっていた。これほどの鉄器を保有し、生産していた地域は、この当時、北部九州を除いて考えられず、山陰地方の特殊性を明らかにする遺跡となったのである。

島根県の西谷墳墓《にしたにふんぼ》群、そして鳥取県の青谷上寺地遺跡、妻木晩田遺跡の出現は、ひとつの事実をわれわれに突きつけているように思われる。

問題は、三つの遺跡が、これまで「なにもない」と信じ込まれてきた出雲やその周辺の地域から出てきたこと。そして繁栄の時期が弥生時代後期の「倭国乱」の時代と重なっていたことである。

とするならば、こういうことがいえるのではあるまいか。

ヤマト建国の前夜、「出雲」は、たしかに「そこにあった」のであり、記紀神話を単純な絵空事《えそらごと》と切り捨てるのではなく、その裏に、何かしらの史実が隠されていたのではないかという疑いの目を、もう一度もつ必要があるということである。

◆出雲の存在を証明した纒向遺跡

「出雲」はそこにあった……それどころか、出雲の活躍は、山陰地方だけに限定されたものではなかったようなのだ。というのも、近年の考古学の進展によって、三世紀のヤマト建国に、「出雲」が密接にかかわっていた疑いが強くなってきたからである。

なぜこのようなことがいえるようになったのか。それは、なんといっても、三世紀のヤマトの纒向《まきむく》遺跡の詳細が明らかになったからにほかならない。

そこでしばらく、話は出雲からヤマトに飛ぶ。纒向遺跡とはいったいどのような遺跡なのか、その詳細を見ていこう。

奈良盆地東南部、桜井市の三輪《みわ》山山麓の広大な扇状地《せんじょうち》に、纒向遺跡は広がっている。卑弥呼《ひみこ》の墓ではないかと取り沙汰されている箸墓《はしはか》（箸中《はしなか》古墳）の所在地、といった方がとおりがいいかもしれない。

ＪＲ桜井線の巻向《まきむく》駅を中心にして、東西約二キロ、南北約一・五キロが、ほぼ遺跡の範囲となる。

纒向遺跡といってもぴんとこない方もおられるだろうが、要するに、ヤマト建国の産声《うぶごえ》がここに起こり、その様子が、手に取るようにわかってきたわけである。

かつて纒向遺跡は、「太田《おおた》」「勝山池《かつやまいけ》」「箸中」などの地域名でばらばらに呼ばれていたが、昭和四十六年（一九七一）に、この地域一帯の本格的発掘がはじまり、「纒向遺跡」と呼ばれるようになった。

纒向遺跡の発掘調査が進むにつれて、この遺跡がヤマト建国の謎を解き明かすとてつもなく重要な遺跡であることが、しだいにはっきりしていった。

まず第一に、規模と性格からいって、前代未聞の都市であったことが判明した。

東西二キロ×南北一・五キロという広さは、のちの藤原宮や平城宮と遜色《そんしょく》なく、農耕の匂いがまったくない、政治と宗教の都市だったことがわかった。そして、その成り立ちがまた独特で、周囲の弥生環濠《かんごう》集落を解体消滅させ、その上で忽然《こつぜん》と現われたのが纒向遺跡だったのだ。

集落の中心部には、方位を意識し、特別に仕切り、左右対称にした建物も見つかった。ここでは火や水を用いた祭祀《さいし》の痕跡が残されていた。

次に、纒向遺跡は、計画的な都市設計をもっていたことが画期的であった。巨木を使った導水施設（水洗トイレ）や、幅六メートル、深さ一・五メートルの運河もつくられていたのだ。

もうひとつ、纒向遺跡が重要なのは、纒向の地が、初期ヤマト政権の誕生の地であったこと、さらには、ヤマト政権そのものが、各地の勢力の寄せ集めによって形成されていた可能性が高い、ということなのである。

なぜこのようなことがわかるのかというと、吉備《きび》、出雲、東海、北陸の土器が、続々と集まってきていたからである。そして、北部九州の土器もしだいに入ってくるようになったようだ。

そして、纒向遺跡の出現が三世紀の初頭で、三世紀の前半には、この周辺に、新しい埋葬文化が生み出されている。それが前方後円墳で、まず纒向型前方後円墳が、そして三世紀後半（半ばとする説もある）に定型化した前方後円墳が現れた。

石塚古墳・纒向遺跡

前方後円墳は、やはり、各地の墳丘墓の要素を組み合わせてつくった疑いが強い。それぞれの要素とは、吉備の特殊器台形土器《とくしゅきだいがたどき》、出雲の四《よ》隅《すみ》突出型墳丘墓《とつしゅつがたふんきゅうぼ》の貼石《はりいし》が葺石《ふきいし》に、畿内の方形《ほうけい》周溝墓《しゅうこうぼ》の溝が前方後円墳の堀に、そして、北部九州の豪奢《ごうしゃ》な副葬文化が受け継がれた可能性である。

ちなみに、このようなヤマト建国の様相は、

『日本書紀』にも影響を与えていた可能性が高い。というのも、これから述べるように、『日本書紀』は「出雲神」が、ヤマト建国の直前にヤマトに舞い降りていたといい、また、同様に、饒速日命《にぎはやひのみこと》なる人物が、いち早くヤマトに舞い降りたと、記録しているからだ。

天皇家よりも先に、ほかの神や人物がヤマトに入っていたことを、『日本書紀』が認めている事実を無視できない。

◇ヤマト建国以前にヤマトにやって来た出雲神

纒向《まきむく》遺跡を形づくるに際し、中心的役割を担《にな》ったのは、いったいだれなのだろう。

一般には、「吉備《きび》」なのではないか、とされている。なぜなら、古墳時代の到来の直前、吉備は西日本のなかで最も規模の大きい墳丘墓《ふんきゅうぼ》を完成させていたからだ。そして、その形が、まさに前方後円墳の原形になったとされているのが、吉備の楯築《たてつき》弥生墳丘墓にほかならない。

またこれとは別に、北部九州の邪馬台国《やまたいこく》が畿内に東遷《とうせん》(あるいは東征)したのだという根強い説も残される。

弥生時代を通じて、日本列島で最も最先端の文化と技術をもち、繁栄していたのは北部九州であり、また、『魏志《ぎし》』倭人伝《わじんでん》を読む限り、邪馬台国は北部九州にあったと考えるのが最も自然なことであるから、邪馬台国が畿内に移ってヤマトは誕生したと考えられること、また、『日本書紀』や『古事記』のなかで、ヤマト朝廷の「初代天皇＝神武《じんむ》」が、九州からヤマトに乗り込んだ、と記録している事実も無視できない。これは、「何かしらの史実」がまずあって、それを下敷きにして生まれた物語だった、と考えられるのである。

たしかに、のちにふたたび触れるように、ヤマト建国と九州の勢力が無縁だったわけではない。ただ、だからといって、北部九州がヤマト建国の中心に立っていたかというと、実にあやしい。というのも、弥生時代の最先端地域が北部九州であったのは事実だが、弥生時代後期に限定すると、北部九州は衰退傾向であり、むしろ九州以東の地域が、成長段階に入っていったからだ。そして、纏向遺跡の様子からみて、最後の最後に北部九州が「新連合」に加わってきた可能性が高い。

また、神武東征説話のような、強圧的な「征服劇」というものも想定できない。

なぜなら、ヤマトに誕生した新たな王権は、首長層の手で「共立された」と考えられるからで、けっして強い権力をもっていたわけではなかったからである。

そこで注目されるのが、出雲である。天皇家の正統性、正当性を謳《うた》い上げるために編まれた『日本書紀』や『古事記』のなかで、どうした理由からか、出雲神は、ヤマト建国と密接な関係があったと記されているからである。

纏向遺跡の背後にそびえ立つヤマトの神奈備《かんなび》山・三輪《みわ》山の主は、出雲神・大物《おおもの》主神《ぬしのかみ》である。

すでに触れたように、『日本書紀』の神話によれば、出雲の国譲りの直前、大《おお》己貴命《なむちのみこと》の前に大物主神が現われ、大物主神が大己貴命の「幸魂奇魂《さきみたまくしみたま》」であることを告げている。

ちなみに『日本書紀』の言い分にしたがえば、両者は本来同一の神で、大物主神は、大己貴命の属性のひとつとして、「幸魂奇魂」であることを明かした、ということになる。その幸魂奇魂とは、神々に備わる「和魂《にぎみたま》・荒魂《あらみたま》」の二つの属性のなかの、人びとに「福」をもたらす「和魂」を意味している。

要するに、大己貴命は自問自答していることになるが、大物主神は大己貴命に向かって、

「もしわたしがいなければ、お前は国をつくることはできなかった。わたしがいたから、お前は偉大な功績を残せたのだ」

と告げた。そして、ヤマトの三諸山《みもろ》（三輪山）に住みたいといい出したので、そこに宮を建て、住まわせたのだという。

これが現在の大神《おおみわ》神社の創建につながる起源説話なのだが、ここでまず注目すべきは、「神武《じんむ》東征＝ヤマト建国」以前、すでにヤマトには、出雲の大物主神が舞い降りていたと、『日本書紀』が認めていることなのである。

◆ヤマト建国に果たした吉備の役割

それだけではない。『日本書紀』は、出雲神・大物主神《おおものぬしのかみ》が、「ヤマトを造成した神」であったと讃《たた》えている。

問題は、その讃えた主が、第十代の崇神《すじん》天皇だったところにある。

崇神天皇は各地に四道《しどう》将軍を派遣し、彼らが凱旋《がいせん》すると、「ハックニシラス天《すめら》皇《みこと》」と讃《たた》えられた。これは、はじめてこの国を治めた天皇を意味していて、なぜ第十代の天皇が「ハックニシラス天皇」なのかといえば、初代神武《じんむ》天皇と同一人物だからではないか、とされている。

崇神天皇の宮は現在の桜井市金屋《かなや》付近の磯城瑞籬宮《しきのみずがきのみや》で、出雲神・大物主神の祀られる三輪山《みわやま》のお膝元であるとともに、纒向《まきむく》にかかわりの深い土地とされている。纒向遺跡における交易の拠点は、まさに、水上交通の要衝であるこの金屋の近辺と考えられるからだ。ヤマトの本当の王と目される崇神天皇が、纒向とかかわりをもっている事実は、無視できない。

初代神武天皇から第九代にいたる歴代天皇は、天皇家の歴史を古く見せるために、無理矢理捏造《ねつぞう》された物語であったとされている。そのため、二代から九代にいたる諸天皇の治世を、「闕史《けっし》八代」ともいうわけである。

神武・崇神両天皇は本来ひとりで、この人物の業績を『日本書紀』は二つに分けてしまったのである。それならば、初代ヤマトの天皇である崇神天皇は、出雲の大物主神を「ヤマト建国の神」と讃えていたことになるのだから、この記事は重大な意味をもっている。

このように、ヤマト建国と出雲がけっして無関係ではないことがわかったところで、話はふたたび出雲西部の四隅《よすみ》突出《とっしゅつ》型《がた》墳丘墓《ふんきゅうぼ》・西谷《にしたに》三号墓にもどる。

大物主神が祀られる三輪山を望む。西麓に大神神社が鎮座する

すでに触れたように、この弥生墳丘墓には、特殊器台《とくしゅきだい》という吉備《きび》地方に生まれた土器がもち込まれていた。そして墳丘墓上には、巨大木柱の痕跡が見られたのだった。これは何の目的をもってつくられたかといえば、特殊な儀礼を執《と》り行なうためであったろうことは、論をまたない。

吉備の特殊器台は、墳丘墓に並べられ、しかも破砕された。これは、一種の秘儀で、もちろん、西谷三号墓にも、同様の痕跡が残されている。

吉備と出雲で、特殊器台にまつわる同様の祭《さい》祀《し》が行なわれていたわけだが、この秘儀こそが、弥生時代の「穀霊《こくれい》」を祀る首《しゅ》長《ちょう》から、「首長霊」を継承する王の誕生を意味する、と考える説がある。

理由は次のようなものだ。

かつて共同体の祭祀に用いられていた銅鐸《どうたく》が姿を消した吉備で、まるで銅鐸祭祀を継承するかのように特殊器台が生まれたが、銅鐸と特殊器台が決定的に違うのは、前者が共同体の利益のための祭祀に用いられるのに対し、特殊器台は、首長個人の霊力の増幅《ぞうふく》を目的に用いられる、ということなのである。

寺沢《てらさわ》薫《かおる》氏は、『王権誕生』（講談社）のなかで、この弥生祭祀の変遷経過を、次のように簡潔にまとめている。

(1)共有された穀霊（カミ）増大のマツリを首長が主催する段階（銅鐸のマツリの第Ⅰ・Ⅱ段階）

(2)穀霊と共同体守護霊（カミ）の増大のマツリを別々に首長が管理する段階（銅鐸のマツリの第Ⅲ段階）

(3)一体化した穀霊と共同体守護霊（カミ）の増大を、首長が一身に体現する段階（楯築《たてつき》墳丘墓）

つまり、原始的な穀霊に対する素朴な信仰から、しだいに穀霊と併行して共同体の守護霊に対する祭祀が生まれ、さらに、その両者が融合していったのであり、そのための祭祀が墳丘墓上で執り行なわれた、とするわけである。

この説を取り入れるならば、弥生時代後期の西日本にあって、新たな首長像、王権像を、いち早く吉備と出雲が提示していた、ということになる。

◈ 中央集権的な吉備と合議の出雲？

ここで注意しなければならないのは、吉備《きび》と出雲の間には、巨大な墳丘墓のあり方に大きな違いがある、ということである。

吉備には、楯築《たてつき》墳丘墓の近辺に集中的に巨大墳丘墓が集まっている。これに対し出雲の場合、西谷三号墓周辺にいくつかの四隅突出型墳丘墓が集まるが、東に移って、安来《やすぎ》市の塩津《しおつ》墳墓群、さらに東に行って鳥取市の西桂見《にしかつらみ》墳墓群が散らばっていて、王権の一極集中ではなく、ゆるやかな連合体の様相を示しているのである。

なぜ山陰地方の国々が、このような形態を模索していったのかといえば、それは彼らが海の民で、しかも交易の民だったからだと思われる。それよりも、ここで大切なのは、出雲に八十万《やそよろず》の神々が集まり神在祭《かみありまつり》が執り行なわれるといい伝えられるように、この弥生時代後期の潮流は、「強大な王権による独裁政権」をめざすものではなく、ゆるやかな連合体を構築するものであったということなのである。

そして、このような山陰地方のあり方は、どこか三世紀に誕生したヤマトと通じるものがある。

たとえば、その象徴が前方後円墳であり、この新たな埋葬文化は、四世紀中には、南は南部九州、北は東北南部にまで一気に波及していくのである。もちろんそれは、軍事的威圧によってではなく、各地方が自主的に前方後円墳を選択していった可能性が高いのであり、その広がりの速さの理由は、この前方後円墳という埋葬文化が、「独善」ではなく、多くの文化を習合《しゅうごう》した結果できあがったからにほかなるまい。

ヤマト朝廷の基本がゆるやかな諸豪族の連合体であり、その伝統は、七世紀、八世紀を飛び越し、現在にまで影響を及ぼしているように思われてならない。

日本で首長層が寄り集まり、合議の末に王を擁立《ようりつ》するという様子は、『魏志《ぎし》』倭人伝《わじんでん》に描かれていて、そこには、多くの首長が卑弥呼を「共立した」と描かれている。ヤマト朝廷の政治運営も、「合議」が基本であり、独裁志向の王が出現するたびに、有力豪族との間に激しい軋轢《あつれき》が生じていたと、『日本書紀』は記録している。また、七世紀に専横《せんおう》を繰り広げたと信じられている蘇我《そが》氏にしても、実際には「合議」を尊重していた事実は、『日本書紀』も認めている。

律令《りつりよう》制度は八世紀に中国の法体系を学んで完成した。だが日本の律令は、中国のように皇帝の独裁体制を維持するための法制度とはならなかった。律令は天皇という王権を、豪族層から奏上された合議の結論を追認するだけの存在と規定している。

このような合議を重視する政治体制の基礎を築いた主体が出雲であったとしても、なんの不思議もない。ヤマト建国に出雲が大きくかかわったからこそ、出雲の大物主神はヤマトに移り住んだといい伝えられたのだろうし、「出雲神がヤマト造成の神」と崇神《すじん》天皇に讃えられたのであろう。

少なくとも、ヤマト建国には、吉備だけではなく、出雲も大きな役割を担っていたことは確かであろう。そして、このような推理を働かせるにいたるには、もうひとつ理由があるのだが、そのことについては後に触れるとして、話を先に進めよう。

◆出雲はヤマト建国とともに衰退したのか

どこにもありはしないと頑《かたく》なに信じられていた出雲は、実際にはあった……。それどころか、ヤマト建国にたずさわっていた疑いが強い。近年の考古学の進展によって、出雲はようやく歴史の表舞台に立とうとしているのだ。だがそうなると、ここにきて新たな謎に突き当たる。

青谷上寺地《あおやかみじち》遺跡や妻木晩田《むきばんだ》遺跡といった山陰地方の巨大遺跡は、すでに触れたように、弥生時代後期に繁栄のピークを迎えた。

だがしかし、ヤマトが建国され、古墳時代に突入した頃、どうした理由からか、これらの遺跡が一斉に衰退していくのである。

青谷上寺地遺跡や妻木晩田遺跡では、住居跡が減少し、集落は消滅してしまう。

それだけではない。西谷墳墓群だけではなく、山陰地方のいたるところで、四《よ》隅突出型墳丘墓《すみとつしゅつがたふんきゅうぼ》の造営が終わってしまった。もちろん、列島各地では、ヤマト建国と同時に、徐々に前方後円墳を受け入れていくのだが、出雲では、奇怪な事態が待ち受けていた。

「前方後方墳《ぜんぽうこうほうふん》（念のために繰り返すが、前方後円墳ではない。前も後ろも四角形）」という特殊な古墳を造営していくのである。すなわち、出雲は、ヤマト建国の直後、「ヤマト＝前方後円墳」を拒絶していく地域になっていってしまったのである。

この反骨は、いったいどこからくるのだろう。

そして、ヤマト建国に出雲が大いにかかわっていたとしたら、なぜこのようなことが起きてしまったというのであろう。

ところで、森浩一《もりこういち》氏は、ヤマトの出現とともに出雲は衰退した、という考えに対し、それは間違っているとして、荒神谷《こうじんだに》遺跡の「焼土」を証拠に挙げている。荒神谷遺跡では、青銅器が埋められた場所でさかんに火を燃やしている痕跡が認められた。しかも、それは生活の火ではなく、土器を焼いたり鉄を溶《と》かすような強い火だったことがわかっている。その焼け跡は、平安時代のものもあって、かなり時代が下がる代物であった。

これらの事実を指摘した上で森氏は、弥生時代から古墳時代に突入したのち、独自の活躍をしていた出雲が衰退し、あとはヤマトに服従したのだと考える人が多いことに不満を漏らしている（『海と列島文化　第二巻　日本海と出雲世界』森浩一編　月報五　小学館）。

つまり、荒神谷遺跡で、出雲独自の祭祀《さいし》は継承されていたのであり、弥生時代から古墳時代に、出雲の勢力は衰退し消滅したわけではない、とするのである。

しかし、祭祀が継承されたからといって、出雲の「力と富」が継承されていたことにはならない。

その証拠に、八世紀以降にも、廃止したはずの「国造《くにのみやつこ》」の存続を認めるなどといった、出雲に対するヤマト朝廷の特別待遇があったが、それは出雲の政治力に配慮する形でもたらされたわけではなく、出雲国造家《こくそうけ》の神通力、あるいは、出雲の人びとの国造家への篤《あつ》い信仰があったからこそであろう。

出雲国造家の重厚で大仰《おおぎょう》な祭祀や行事は、出雲の国力に比例したものではけっしてない。むしろ国力に不釣り合いなほどの祭祀が、出雲では継承されてきたのである。とするならば、本当の問題は、出雲の地が、なぜこれほどまでに、特殊で盛大な神事にこだわりつづけたのか、なのである。

◇出雲の謎を解く鍵は「祟り」

そしてここに、記紀神話の出雲の国譲り説話が、大きな意味をもってくるように思われるのだ。というのも、神話にしたがえば、出雲の神々は、天《あま》つ神《かみ》が高天原《たかまのはら》にいた頃、せっせと国づくりに励んだということになっている。ところが、ようやく国の基礎が固まった頃、天つ神たちは、国譲りを強要したというのだ。

出雲神の命運を託された事代主神《ことしろぬしのかみ》は、天つ神に恭順したけれども、天《あま》の逆手《さかて》という呪術《じゆじゆつ》をほどこして、海の底に消えていったという。この呪術は、乗っていた船を青柴垣《あおふしがき》に替えてしまう呪術《じゆじゆつ》で、その青柴垣のなかに、事代主神は隠れるようにして消えていくのである。

岩波書店『日本古典文学大系　古事記祝詞』の頭註は、この一節について、

「事代主神の服従と隠退は、出雲の宗教的支配力を天つ神の御子に譲って服従した意である」

とするが、まだ、これでは説明不足ではあるまいか。出雲神は、天つ神の法外な要求に、それほど従順だったのではない。少なくとも、事代主神の消え方には、何かしらの怨《うら》みの恐ろしさを感じずにはいられない。そういう不気味な最期である。

たとえば、大国主神《おおくにぬしのかみ》は、事代主神の事件の後、やはり天つ神に恭順するが、条件をひとつ付けている。

それは、自分の住処《すみか》をつくれ、ということで、しかも、天つ神の宮と同じように、宮柱《みやばしら》を太く建て、氷木《ひぎ》（千木《ちぎ》）を高々と掲げてほしい、というのである。

つまり大国主神は、「宮をつくり、わたしを祀《まつ》るのなら、国を譲り渡してもい

い」、といって天つ神を脅《おど》し、強請《ゆす》っているわけである。

『古事記』の表現は、どうにもまどろっこしいが、要するに、出雲の神を祀らなければ、祟《たた》りに遭う、ということをいっているのである。その証拠に、実際に出雲神は頻繁に祟って出ている。

すでに触れたように、垂仁《すいにん》天皇の皇子が言葉を発しなかったのは、出雲神の祟りであったと記録されていた。そして、他の拙著のなかでたびたび触れてきたように、第十代崇神《すじん》天皇の時代、天候不順と疫病の蔓延《まんえん》に苦しめられたが、出雲神・大物主神《おおものぬしのかみ》を祀ってみると、見事に世は平穏を取り戻したというのである。

これまで、こういう類の説話は、絵空事《えそらごと》としてほとんど無視されてきた。だが、少なくとも、古代社会のなかで、「出雲神は祟る」という共通の認識があったとすれば、これは大問題である。

弥生時代後期の「出雲」は、けっして絵空事ではない。そうではないのに絵空事にしてしまったのは、八世紀の朝廷である。そして、ヤマト建国とともに、出雲は没落していった疑いが強い。

『日本書紀』や『古事記』を以上のような観点から読み直せば、出雲の国譲りの後、出雲神は「幽界《ゆうかい》」に消えてしまい、以後、人びとは出雲神の祟りに怯《おび》えはじめた、ということになる。

とするならば、「出雲の国譲り」は、神話であるとともに史実であった可能性が出てくるのではあるまいか。

出雲の謎は、こうして、出雲の国譲りをめぐる謎解きに進んでいくのである。

出雲を解くヒントは、祟りである。

第三章　なぜ出雲は封印されたのか

◇とてつもない柱が出現した出雲大社境内遺跡

平成十二年（二〇〇〇）四月。出雲《いずも》大社の地下室工事に先駆けた発掘調査で、十一世紀から十三世紀（平安時代から鎌倉時代にかけて）頃の地層から、とてつもない木柱《もくちゅう》が姿を現わした。一本の柱材の太さが一メートル三五センチ、これを三本組み合わせ、合計で直径三メートルに達する巨大柱である。

これはかつての出雲大社本殿の宇豆柱《うずばしら》と考えられるが、出雲国造家《いずもこくそうけ》の千家《せんげ》家に伝わる『金輪御造営差図《かなわごぞうえいさしず》』に三本の柱を束《たば》ねたという図面が残されていて、「伝承の正しさ」が立証されたのである。

さらに発掘を進めた結果、本殿の中心に位置する心御柱《しんのみはしら》と東南部の側柱《がわばしら》が発見された。

測量してみると、かつての本殿は、横に長い長方形という、他に例のない特異な形をしていたことが判明した。この形は、正方形をした設計図『金輪御造営差図』との食い違いを見せて、新たな謎を生んだ。

ただし、幅七センチ、長さ二七センチの帯状金具（鉄製）が出土していて、これが三本柱を束ねていた可能性が高いことで、『金輪御造営差図』の「金輪でつくった」という主旨を証明しているともいえる。

その後、巨大木柱の放射性炭素成分量を測定したところ、鎌倉時代初期の西暦一二三〇年前後に伐採《ばっさい》された杉であることが明らかとなった（誤差は±十五年）。

出雲大社の古代神殿の三本柱

出雲大社は、現在の本殿が建立されるまでには、何回も建て替えられている。たとえば、長元《ちょうげん》四年（一〇三一）から嘉禎《かてい》元年（一二三五）の約二百年の間に、六回も倒れている。そして、その都度、遷宮《せんぐう》が繰り返され、再建されたというのである。

そして、古文書の記録から、発掘された巨大木柱群が、宝治《ほうじ》二年（一二四八）に造営された本殿であったことがはっきりした。ちなみに、現在の本殿は、江戸時代、延享《えんきょう》元年（一七四四）の造営である。

今はもう、この遺跡は完全に埋め戻され、「尋常ならざる遺跡」を見ることはできないが、本殿真裏に、復元された三本柱が展示してあって、その巨大さに、思わず息を呑《の》む。これほどの柱を必要とした建造物とは、いったい何だったのかと、あれやこれやと想像が膨《ふく》らんでくる。

平安時代の『口遊《くちずさみ》』には、有名な「雲太《うんた》、和二《わに》、京三《きょうさん》」という言葉が残されていて、この当時の建造物のなかで最も大きいのは雲太＝出雲大社で、二番目は和二＝東大寺大仏殿《とうだいじだいぶつでん》、三番目は京三＝平安京大極殿《だいごくでん》であったという。その伝承が、まさに事実であった可能性を、この出雲大社境内《いずもおおやしろけいだい》遺跡《いせき》は物語っていたのである。

出雲大社本殿は、高さ十六丈（約四八メートル）、あるいは三十二丈（約九七メートル）もあったといい伝えられていて、かつてはまったくのでたらめと相手にされなかった。しかし、東大寺大仏殿が四六メートルで、出雲大社がそれよりも大きかったという伝承が、現実味を帯びてきてしまったわけである。

◇出雲信仰はなぜ起こったのか

島根県文化財保護審議会会長の町田《まちだ》章《あきら》氏は、出雲大社境内遺跡《いずもおおやしろけいだいいせき》について、「大和《やまと》に対抗する経済力をもっていた出雲勢力のすごさが分かる」（「山陰中央新報」平成十二年四月二十九日）と話している。たしかに、出雲大社には広大な所領があったし、中世には多くの荘園《しょうえん》を手に入れていた。だが、出雲神に経済力があったという理由だけで、巨大な神殿が屹立《きつりつ》していたのではないだろう。経済力も再建の意志も、出雲に対する信仰が、まずその根底になければ考えられないことだからだ。

問題は、その、出雲神に対する信仰心が、なぜ起こり、継続していったのか、ということなのである。

出雲神に対する信仰といえば、これまでは、古代の大己貴命《おおなむちのみこと》信仰の広がりや、近世にいたり、各地を飛び回った出雲の御師《おし》の活躍によって成立したと考えられてきたものだ。

また中世の、出雲阿国《いずものおくに》の活躍も有名だ。阿国は京都の四条河原《しじょうがわら》で、かぶき踊りをして、歌舞伎の創始者になったわけだが、「踊り」は元来神事であり、阿国は神に仕える神聖な巫女《みこ》の零落《れいらく》した姿といっていい。

事実、阿国は、出雲大社に仕える下級神職の巫女であったらしく、阿国は出雲大社修復のための勧進《かんじん》を行なって諸国を練り歩いていたともいう。

伝説どおり、もし阿国が出雲から出たというのならば、出雲は、各地に向けて巫覡《ふげき》（神と人との感応を媒介すること）やら御師やらを送り出す何かしらの妖気《ようき》を漂わせた国だったとでもいうのであろうか。

古代の出雲信仰というものが、どのように発生し発展していったのか、史料がほとんどなく、詳細ははっきりしない。

『出雲国風土記』からは、出雲臣《いずものおみ》（出雲国造《くにのみやつこ》）が、杵築《きづき》の出雲大社と意宇《おう》の熊野《くまの》大社、二つの神社を特別扱いしている様子が見て取れる。出雲の国造を中心にした出雲神祭祀はすでに盛んに行なわれていたのだろうし、地元の人びとも、出雲大社の祭神を崇敬《すうけい》し、篤《あつ》く祀《まつ》っていたであろうことは、想像に難くない。

また、出雲に神々が集う十月を神無月《かんなづき》と呼ぶようになったのはいつかというと、文献に登場する最も古い例は、十二世紀前半に記された文書とされているから、平安時代の後半、ということになる。だから、出雲だけではなく日本列島のかなり広い範囲で、出雲神にまつわる、ひとつの共通した認識が生まれていたことは間違いない。

そして問題は、八世紀には、「出雲は祟《たた》る」と朝廷が記録していたことなのである。

たとえば、すでに触れたように、第十代崇神《すじん》天皇の時代の混乱、第十一代の垂仁《すいにん》天皇の皇子・誉津《ほむつ》別王《わけのみこ》を襲った出雲神の祟りなどの記事がある。

出雲国造家が祀る意宇川上流の熊野大社

このように、『日本書紀』が成立した頃には、出雲大社は、祟る神として認識され、だからこそ恐れられていたと考えられる。

すでに触れたように日本の神は、基本的には祟る神とみて間違いない。祟りが大きければ大きいほど、盛大に祀られるわけである。

◆謎が多すぎる出雲

そこで問題となってくるのは、「出雲は祟《たた》る」という「思い込み」が人びとに浸透する原因、きっかけである。なぜ出雲の神々は祟ると信じられるようになったのだろう。

この点に関しては、これまで、「出雲は実存しない」と信じ込まれていたのだから、はっきりした答えは出されないままであった。

だが、ヤマト朝廷誕生の前夜、出雲はたしかに存在したのであり、しかもヤマト建国に関与した後、衰退していったことがわかってきた。とするならば、このあたりのいきさつを後世に残すことができない何かしらの事情が、八世紀の朝廷にはあったということなのだろうか。

どうにもよくわからない。だが、ヒントならいくらでもある。そのなかのひとつが、生きた化石、出雲国造家《いずもこくそうけ》にほかならない。

出雲神を祀《まつ》りつづける出雲国造家は、どこか奇妙である。出雲国造家のあり方、やっていること、みな不可思議きわまりない。そして、尋常ではないその行動の数々の理由を突き止めていけば、祟る出雲神の謎は、解けてくるかもしれないのである。

そこで、祟る出雲神の秘密を解く鍵を探して、出雲国造家について、しばらく考えてみよう。

さて、出雲国造家の祖は天穂日命《あめのほひのみこと》で、この神は、最初高天原《たかまのはら》から出雲に遣《つか》わされ、出雲国譲りの根回しをする手はずだった。ところが、天穂日命は出雲に同化してしまい、高天原に復命しなかったと神話には書かれている。

この伝説に対し、出雲国造は反論する。すなわち、出雲国造が新任されるとき、朝廷に出向いて奏上《そうじょう》する寿詞《よごと》のなかで、天穂日命とその子どもは、天つ神《あまつかみ》の出雲制圧に功績があったのだと自画自賛している。

どちらが本当のことなのか、はっきりしたことはわからない。もし出雲国造家が弁明するように、出雲国譲りに国造家が貢献したというのなら、なぜその後、出雲の国造家だけが、新任に際し朝廷に出向いて、服従の誓いをするようになったというのであろう。やはりこのあたりにも、出雲国造の不思議さが隠されている。

また、ついでまでにいっておくと、『先代旧事本紀《せんだいくじほんぎ》』によれば、崇神《すじん》天皇の時代、天穂日命の十一世の孫が出雲国造に任命されたというが、はっきりとしたことはわかっていない。

わかっていることは、出雲東部の意宇《おう》に拠点を設けた出雲国造家は、出雲の西部・杵築《きづき》（出雲大社の所在地）の先住者の祖神（大国主神《おおくにぬしのかみ》）を祀るようになった、ということであろう。ここにいう先住民とは、おそらく西谷墳墓群《にしたにふんぼぐん》の王たちを支えた人びとである。

ちなみに、出雲国造家が本拠地にしていた意宇を離れ、出雲大社の杵築の地に移るのは、意外に時代が下がって、平安時代にはいってからなのだが、国造家が移ったひとつの理由は、出雲大社の人気が圧倒的に高くなったからではないか、とする説もある。

とにもかくにも、出雲国造には、謎が多すぎる。

たとえば、国造が亡くなると、新たな国造が就任するのだが、このとき、壮大でドラマチックな儀式が執《と》り行なわれる。

以下、国造の死と新国造の誕生の経過を追っていくが、それには少し、予備知識が必要だ。

さて、出雲国造は出雲西部の杵築の地にいるが、本来の本拠地は出雲東部の意宇郡で、この地の大領を兼任し意宇川上流の熊野大社を祀ってきたものだ。ところが、元正《げんしょう》天皇の時代の霊亀《れいき》年間（七一五〜七一七）に、どうした理由からか、杵築に移り、杵築大社（出雲大社）と深く結びついていくのである。

そして意宇の地には、新たに神魂《かもす》神社が建立され、本来ならば熊野大社で執り行なわれていたのであろう火継《ひつぎ》式など、国造家の儀式が、ここで行なわれるようになったのである。

このことだけでも謎めいていて、はっきりした理由はわかっていない。以後、出雲国造家は杵築に住みつき、また、意宇の大領の兼務という異常な体制は、延《えん》暦《りゃく》十七年（七九八）までつづくのである。

◆死んでも生かされつづける出雲国造

それはともかく、このような、意宇《おう》と杵築《きづき》の関係がわかってみると、出雲国造の死と新任の儀式の不可解さが、おぼろげながらわかってくる。

出雲国造が危篤《きとく》状態になると、その時点で、すぐに杵築から意宇の神魂《かもす》神社に向けて使者が出され、神火相続《おひつぎ》の準備を督促する。

国造が薨《みまか》ったら、これを公表せず、それどころか、秘匿《ひとく》するために、普段どおり国造の衣冠《いかん》を正しくし、座らせ、遺骸の前に食膳が供される（これは尋常ならざる恐ろしい光景ではないか）。

そうしておいて後継者の嫡子《ちゃくし》は、裏門から飛び出し、一目散に神魂神社に馳せ参じる。単純な直線距離にすると四〇キロ、不眠不休の行軍である。

新国造が神魂神社に着くと、さっそく参籠所《さんろう》に入り、火鑽臼《ひきりうす》と火鑽杵《ひきりぎね》でつくった神火《じんか》を受け取る。これを五つの火桶《ひおけ》に移し、消えないように守る。この特別につくった火を「別火《べっか》」と呼び、国造は生涯、この火を使って生活をする（ただし、さすがに明治以降、日常生活には、このような厳しい規律はなくなった）。

神魂神社で無事に神火が継承されると、杵築では、前国造の葬儀の準備がはじまる。

すべての行事を終えて新国造が杵築に戻ると、前国造の遺骸《いがい》は裏門から埋葬の場に向かい、新国造は表門から帰館する。

これが神火相続で、国造家の魂（火《ひ》＝霊《ひ》）そのものの継承であり、火継ぎを行なう国造家は「生まれもせず、死にもしない」というのである。

こうして、国造の死と再生の儀式は終了する。

それにしても、なぜ国造の死は厳重に伏せられねばならなかったのだろう。

出雲東部の意宇にある神魂神社

それは、国造は不死身《ふじみ》だからだろうか。それだけの理由だろうか。喪《も》を伏すのみならず、あまりにも大仰な芝居がかった行動が、妙にひっかかるのである。

ところで、出雲国造の火継《ひつぎ》神事は、天皇家の大嘗祭《だいじょうさい》によく似ているところがある。

たとえば、出雲では火鑚臼と火鑚杵で神火をおこし、神聖な井戸の水を使い神饌《しんせん》をつくり、国造がこれを神に供え、また自らも食す。

これに対し大嘗祭では、やはり天皇は神聖な井戸「童女井《おとめい》」の神水と神火を用いた神饌を神に献じ、自らも食する。

天皇と出雲国造の祭祀があらゆる場面でよく似ているのは、ひとつの理由に、遠い神代の時代、彼らの祖が天照大神《あまてらすおおみかみ》から分かれた兄弟であったこと(という神話の設定)と無縁ではないのかもしれない。そして、天皇家は「日」を継承し、出雲国造家は「火」を継承してきたのである。

ただし、そっくりな両家だが、決定的な差がひとつある。それは、天皇家が天皇家の祖神を祀り、その神霊を引き継いでいるのに対し、出雲国造家は、始祖・天穂日命《あめのほひのみこと》の霊を引き継ぎ、さらにその天穂日命は、出雲神・大国主神《おおくにぬしのかみ》(大己貴命《おおなむちのみこと》)でもある、ということである。

このあたりの事情は複雑だが、簡単にいってしまえば、こうなる。すなわち、出雲に同化してしまった天穂日命は、出雲の国譲りの後、大国主神を祀るために、出雲の地に残った、ということになる。それどころか、「天穂日命=出雲国造家」は、ミイラ取りがミイラになったということになる。どういうことかというと、千家尊統《せんげたかむね》氏は、『出雲大社』(学生社)のなかで、次のように述べている。

こうして出雲国造は代々天穂日命であると同時に、天穂日命として大国主神に奉祀《ほうし》する国造は、また祭儀の上では大国主神それ自身としてふるまうのである。

つまり、天穂日命は、出雲神を祀る者であると同時に、祀られる出雲神そのものとしても振る舞う、というのである。

これはいったい何を意味しているのか……。しかも、出雲国造の死は、文字通り「必死に」秘匿されるのである。いったい、なぜ出雲国造の身辺は、ミステリーに満ちているのだろう。

◆身逃げの神事の不思議

火継ぎの神事だけではない、出雲国造家《こくそうけ》には、まだまだ不可解な行事が多い。

たとえばそのひとつが、八月十四日の深夜に執《と》り行なわれる神幸祭《じんこうさい》で、別名「身逃《みに》げの神事」と呼ばれるものだ。

行事のクライマックスは、八月十一日（旧暦七月四日）の夕方からはじまる。

出雲大社のすぐ近く、稲佐《いなさ》の浜《はま》で禰宜《ねぎ》が海水で身を清め、潔斎《けっさい》所に籠もる。十三日の晩には、出雲大社の摂社《せっしゃ》で櫛八玉神《くしやたまのかみ》を祀る湊社《みなとのやしろ》に参拝し、さらに稲佐の浜の塩掻《しおかき》島に参拝する。この一連の行事は「道見《みちみ》」という。道を下見しておく、ということだろう。ちなみに、本来身逃げの神事に奉仕するのは別火《べっか》氏で、この一族は櫛八玉神を祖神としていた。それはともかく……。

さて、これで準備を終えると、いよいよクライマックスである。

八月十四日の深夜。出雲大社境内のありとあらゆる門が開かれ、狩衣《かりぎぬ》を着込んだ禰宜が右手に青竹の杖《つえ》、左手に真菰《まこも》の苞《しほ》と火縄筒《ひなわづつ》をもって、裸足に足半草履《あしなかぞうり》の格好で姿を現わすと、祝詞《のりと》をあげ、神幸をはじめる。道順は「道見」で下見したとおりで、それぞれの神社をめぐって行く。

禰宜の役回りは、大国主神《おおくにぬしのかみ》のお供で、大国主神は「透明人間」のように、そこにいて、大国主神が神幸していることになっている。そして、お供をする禰宜が、大国主神そのものでもあることは、出雲国造《いづものくにのみやつこ》が天穂日命《あめのほひのみこと》であり、また大国主神そのものであることと同じだろう。

この祭りの一番の謎は、なんといっても、神幸する禰宜の姿を、だれひとり見てはいけない、ということなのである。もし見られたら、「穢《けが》れた」として、もう一度本殿に引き返し、はじめから神幸をやり直すという徹底ぶりである。そのため、この日はどこの氏子《うじこ》の家も、堅く扉を閉ざし、外出を控え、息をこらしているのだという。

だれにも見せない祭りなど、いったい日本中にいくつあるというのだろう。そして、何を目的に、祭りをするというのであろう。

それは、出雲の国を天《あま》つ神《かみ》に奉還《ほうかん》した大国主神を、摂社の湊社の祭神・櫛八玉神が、饗応《きょうおう》した故事によるのだという。国を譲り渡した大国主神を、天つ神がねぎらった、ということであり、懐柔策《かいじゅうさく》の一環ということになろうか。

また、この神事を身逃げの神事と称する理由は、次のようなものだ。すなわち、本来ならば神幸に奉仕しなければならない国造が、この間、館を出て別の一族の館に移り、潔斎をするからだという。そして、神幸が終わった時点で、すぐに館にもどるのだという。

国造が他家に籠もるから、身逃げの神事というのはなぜだろう。

さらに、神幸をだれも見てはいけない、というのも、やはりひっかかる。だれかがどさくさにまぎれて秘密裏に身逃げをし、その故事にならった神事が、身逃げの神事だったのではあるまいか。

そして、出雲国造の死後、喪《も》を厳重に伏し、嫡子が裏門から飛び出していくという話と、身逃げの神事は、どこかでつながっているのではないかと勘ぐらざるを得ない。

◆『日本書紀』は出雲の歴史を知っていたから隠したのか

身逃《みに》げの神事《しんじ》(神幸祭《じんこうさい》)の真意がどこにあるのか、この謎は、そう簡単に解けるものではないだろう。しかし、出雲の祭りは、どれをとっても、不可解な謎に包まれていることは確かなことなのだ。

その謎の根源をたどっていけば、出雲神話に行き着いてしまうであろうことは、想像に難くない。とはいっても、出雲神話で純粋な土着のいい伝えは『出雲国風土記』だけというのが、これまでの常識であった。だから、軽々しくここで記紀神話をもち出せば、中央で勝手に都合のいいように創作された神話と出雲の実態は、まったくかけ離れている、と指摘を受けるであろう。

だが、ここまで述べてきたように、考古学の研究によって、ヤマト建国の直前、「出雲」はそこにあり、しかも、ヤマト建国に貢献したこと、ヤマト建国の後、謎の衰退と反骨という不可解な命運をたどっていたことがわかってきたのである。

とするならば、天《あま》つ神《かみ》の強要に屈し、国を譲り渡したという記紀神話のくだりを、まったくの創作と決めつけることもできなくなるのではないだろうか。

そして、高天原《たかまのはら》から派遣され、出雲に同化してしまったという天穂日命《あめのほひのみこと》の末裔《まつえい》・出雲国造家《いずもこくそうけ》の不可解な祭祀形態を見ても、出雲の国譲りが何かしらの史実であって、このときに起きた大事件が、のちの時代に大きな影響を及ぼしていたのではないかという疑いが浮上してくるのである。

出雲の謎は、こうして、出雲国譲り神話にまでさかのぼる必要が出てくるのである。

そこで『日本書紀』や『古事記』に描かれた「出雲」とはいったい何だったのかを考えてみたいが、そのために、いくつか確認しておきたいことがある。

それは、大きく分けて二つである。

まず第一に、『日本書紀』を記した八世紀のヤマト朝廷は、三世紀の歴史を熟知していた可能性が強い、という点、そして第二に、神話は三重構造でできあがっている、ということである。

これらが何を意味しているのか、以下説明していこう。

すでに、他の拙著のなかで繰り返し述べてきたように、八世紀の朝廷（あるいは、少なくとも『日本書紀』の編纂《へんさん》にかかわった人びと）は、三世紀の歴史を熟知していて、だからこそ、当時の歴史を改竄《かいざん》し、隠蔽《いんぺい》してしまったとしか思えないのである。

なぜ、そのようなことがいえるのかというと、まず、すでに触れたように、天皇家の祖神の名が大日孁貴《おおひるめのむち》（天照大神《あまてらすおおみかみ》）で、これを分解すると「大日巫女《おおひみこ》」となり、邪馬台国《やまたいこく》の卑弥呼《ひみこ》を意識してつけられた代物であった可能性があること、また、伊勢《いせ》神宮の内宮《ないくう》には、天照大神（大日孁貴）が、また外宮《げくう》には、邪馬台国の台与《とよ》を連想させる豊受大神《とようけのおおかみ》が祀《まつ》られている。

さらに、『日本書紀』には、神武《じんむ》天皇と崇神《すじん》天皇という二人の初代天皇＝ハツクニシラス天皇《すめらみこと》が登場するが、二人の事績を重ねると、ちょうど考古学の指摘するヤマト建国の様相とぴったり重なる、という事実がある（拙著『天孫降臨の謎』ＰＨＰ研究所）。

少しその内容に触れておこう。

『日本書紀』にしたがえば、神武天皇が九州から東征する直前、ヤマトには、いずこからともなく饒速日命《にぎはやひのみこと》なる男が舞い降りてきて、ヤマトに君臨していたという。土着の長髄彦《ながすねひこ》の妹を娶《めと》った饒速日命は、物部《もののべ》氏の始祖となり、また、神武東征に際しては、饒速日命の子の可美真手命《うましまでのみこと》（宇摩志麻治命《うましまぢのみこと》）が神武に協力し、ヤマトに招き入れている。

饒速日命の降臨と土着勢力との融合、そして最後の最後に九州から神武天皇がやって来るという順番は、纒向《まきむく》から出土した物証とまったく合致していたわけである。ヤマト建国時、纒向に東海や北陸、吉備《きび》、山陰から多くの土器が集まり、最後に九州がやって来たのである。

さらに、神武天皇同様「ハックニシラス天皇（初めてこの国を治めた天皇）」と称賛された崇神天皇は、日本各地に将軍（四道《しどう》将軍）を派遣したが、その行動範囲と、四世紀に前方後円墳が普及した地域は、恐ろしいほどぴったりと重なってくるのである。

したがって、『日本書紀』が三世紀のヤマト建国、それに出雲の歴史を知っていたからこそ、これを抹殺《まっさつ》し、あるいは神話の世界に封印してしまった可能性が高い、ということなのである。

◇『日本書紀』の歴史隠しの巧妙なテクニック

そこで問題となるのは、『日本書紀』の歴史隠しの「テクニック」であり、ストーリー展開の裏側に秘められた、知られざる神話の「三重構造」なのである。

『日本書紀』の完成は養老四年（七二〇）で、当時の朝堂《ちょうどう》を牛耳《ぎゅうじ》っていたのは、乙巳《いっし》の変《へん》（皇極四年＝六四五）の蘇我入鹿《そがのいるか》殺しのヒーロー中臣鎌足《なかとみのかまたり》の子・藤原不比等《ふじわらのふひと》であった。

当然、藤原不比等の都合のいいように、『日本書紀』は編纂《へんさん》されたとみて間違いない。歴史書が権力者にとって都合のいいように記されるのは当然のことで、だからこそ、『日本書紀』のなかで、中臣鎌足は、天下無双の英雄として描かれたわけである。また、藤原氏の私的な文書『藤氏家伝《とうしかでん》』と『日本書紀』の間には、ほとんど伝承の食い違いが見られない。

一般に『日本書紀』は、編纂の発案者・天武《てんむ》天皇にとって都合のいい歴史書だと信じ込まれている。だがこれは大きな間違いで、正確にいえば、天武天皇の死後の政権を担当した持統《じとう》天皇（天武の皇后《こうごう》でもあった）と、これを補佐《ほさ》した藤原不比等にとって都合のいい歴史書であった。このあたりの事情を勘違《かんちが》いしているから、いまだに七世紀から八世紀にかけての歴史が、解明されていないだけの話である。

では、藤原不比等の目論見《もくろみ》はいったい何だったのだろう。この人物は何を『日本書紀』に織り込んだというのだろう。

まず第一に、藤原氏の出自をごまかし、新たな系譜を捏造《ねつぞう》し、正統性を獲得することであった（このあたりの事情は複雑なので、割愛する）。ただ一言で表わすならば、藤原氏の祖は百済《くだら》系渡来人だった、ということなのだ。だからこそ文《もん》武《む》天皇と藤原不比等の娘・宮子《みやこ》との間の子・首皇子《おびとのみこ》（のちの聖武《しょうむ》天皇）を即位させる正当性を証明し、強調する必要があった。初の「藤原腹」の天皇の誕生であり、律令《りつりょう》と天皇、二つを支配しようと目論んだ藤原不比等の悲願である

（詳細は他の拙著を参照していただきたい）。

さらに、藤原不比等を大抜擢《だいばってき》することで政敵を倒し即位した持統《じとう》女帝からつづく王家の正統性を証明するために、天皇家の祖神に、女神・天照大神《あまてらすおおみかみ》を据え、持統をこれになぞらえたのである。

それだけではない。神話の出雲の国譲りには、天照大神の黒幕に、高皇産霊《たかみむすひの》尊《みこと》なる神が登場するのだが、この神の役割が、まさに藤原不比等にそっくりで、系図にすれば、一連の神話の思惑は、一目瞭然である。

天孫降臨《てんそんこうりん》神話のなかで、天照大神の子が最初降臨する予定だったのに、急遽《きゅうきょ》孫の瓊瓊杵尊《ににぎのみこと》に変更されたのも、持統の子で皇太子だった草壁《くさかべ》皇子が即位することができないまま亡くなってしまったことの反映であろう。

このように、七世紀から八世紀にかけての皇位継承問題と神話は、まったく重なってくるのであり、神話の構成要素のひとつが、『日本書紀』編纂時の政権の正当化・正統化のための物語であったことは間違いない。

『日本書紀』の神話を構成するおもな要素は、あと二つあるように思われる。

ひとつは、当然のことながら、神話の「核」となる伝承で、いわゆる純粋な

「神話」の原形である。それは、民間や古老の伝承であったり、ヤマトの語部《かたりべ》が語り継いできたものかもしれない。また気の遠くなるほど遠い地から伝わってきた不思議な話でもあっただろう。もちろんこのような神話の「核」には、本来、政治性はなかったはずである。

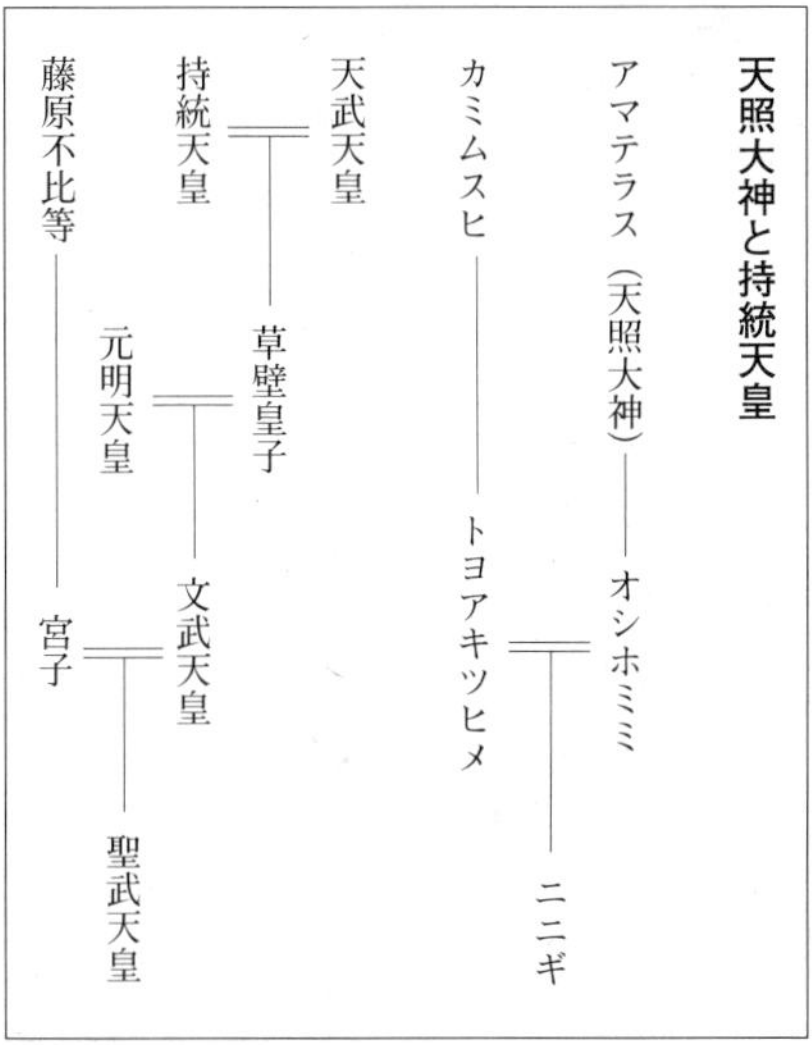

天照大神と持統天皇

そしてもうひとつ、神話を構成する要素がある。それが、三世紀前後のヤマト建国をめぐる混乱……おそらく、実際に生きている「人間」が繰り広げたであろう愛憎劇であり、これをモチーフにし、また、八世紀の都合の悪い部分を改竄《かいざん》するために、神話に放り込んでしまった、歴史である。

それならば、「出雲」をめぐ

る神話のなかに、何かしらの史実が織り込まれている可能性はあるのだろうか。

いや、出雲神話のなかにこそ、三世紀のヤマト建国にいたる悲喜劇が、秘められていたとしか思えないのである。

なぜこのように推理するのかといえば、すでに、山陰地方で、ヤマト建国前後に遺跡が衰弱するという「出雲の国譲り」が現実に起きていたかのような物証が出現していたからである。

そして、さらにこの考えを強く後押ししているのは、人びとが「出雲は祟《たた》る」という共通の認識をもっていた、という一点である。

そういう「常識」が通用していたからこそ、出雲信仰が発達し、出雲に巨大な神殿が建てられたわけである。

もし仮に、「出雲が祟る」という話を朝廷が勝手に創作し、この観念を喧伝《けんでん》していただけだとすれば、ここまで長い時間を経て、出雲が信仰の対象になることはなかったであろうし、執念《しゅうねん》を込めた巨大神殿など、だれもつくろうとはしなかったに違いないのだ。

◆出雲神が祟ると信じられたきっかけ

神話には、純粋で牧歌《ぼっか》的なお伽話《とぎばなし》だけではなく、いくつもの悪意や政治的な思惑《おもわく》がない交ぜになっている。

天孫降臨伝説の地、標高1080メートルの高千穂峰

したがってわれわれは、神話のひとつひとつが、どうして誕生したのか、慎重に判断する必要がある。特に、出雲神話には、何か秘密が隠されていそうな気配である。

ここで問題になってくるのは、次の一点である。

すなわち、出雲の神が祟るという共通の認識ができあがる「たしかなきっかけ」というものがあった、ということだ。すなわち、出雲が祟るにいたる、具体的な事件が起きていた、ということである。

そこでふたたび『日本書紀』に話を戻せば、

ここには、「裏切られ、乗っ取られる出雲」の話が繰り返し述べられていることに気づかされる。

まず、神話のなかで、出雲に天《あま》つ神《かみ》が舞い降り、せっかく精魂こめてつくり上げた国土を譲り渡すよう迫っている。出雲神はこの屈辱的な要求を、泣く泣く呑《の》み、事代主神《ことしろぬしのかみ》は呪術《じゅじゅつ》的な仕草で海の底に消え、大国主神《おおくにぬしのかみ》は天皇と同じような宮を建ててくれるならばといって、幽界《ゆうかい》に去っていった。

この話は、まさに天つ神側の侵略であり、出雲の敗北を暗示している。

歴史時代に入っても、出雲はヤマト朝廷の非道な仕打ちを受けている。

『日本書紀』崇神《すじん》天皇六十年の秋七月の条には、次のような話が載る。

崇神天皇が群臣に、

「武日照命《たけひなてるのみこと》（出雲国造らの祖）が天からもってきたという神宝《しんぽう》は、出雲大神の宮（杵築《きづき》大社、あるいは熊野《くまの》大社）に納められている。これを見てみたいものだ」

と述べて、矢田部造《やたべのみやつこ》（物部同族）の遠祖・武諸隅《たけもろすみ》を遣《つか》わして、献上させようとした。

　このとき、出雲の神宝を管理していたのは、出雲臣（出雲国造家《こくそうけ》）の遠祖・出《いず》雲振根《ものふるね》であった。ただし振根は、ちょうど筑紫《つくし》国に行っていて不在だったので、弟の飯入根《いいいりね》が応対し、いわれるままに、神宝をヤマトに献上してしまった。

　出雲に舞い戻った出雲振根は、ことの経緯を聞き、弟に、

「なぜ数日待てなかったのだ。何を恐れ、簡単に神宝を渡してしまったのだ」

といい、なじった。

　それからしばらく日時がたったが、振根の気持ちは収まらない。ついに、弟を殺してしまおうと考えた。

　そこで、弟を欺《あざむ》こうと、

「この頃、止屋《やむや》の淵《ふち》（島根県出雲市の旧斐伊《ひい》川の淵か）にいっぱい水草が生えている。いっしょに行ってみてみないか」

と誘った。

　弟はなんの疑いももたず、兄にしたがった。

　振根は密かに真刀《またち》（本当の刀）にそっくりな木刀《こだち》をつくり、これを腰にさしていた。かたや弟は真刀をもっている。

二人が淵にいたったところで、振根は弟に、

「水がきれいで気持ちよさそうだ。いっしょに水浴びをしようではないか」

ともちかけた。

二人は刀を置き、水を浴びた。振根は先に上がり、弟の真刀をとり、腰に着けた。弟は驚き、もう片方の刀（木刀）をとり、応戦しようとした。しかし、刀は偽物《にせもの》で抜くことはできず、弟は打ち殺されてしまった。

人びとは弟の飯入根の死を悼《いた》み、次のような歌を詠《うた》った。

や雲《ぐも》立《た》つ　出雲梟帥《いづもたける》が　佩《は》ける太刀《たち》　黒葛多巻《つづらさはま》き　さ身無《みな》しに　あはれ
（出雲建の佩いていた刀は、葛をたくさん巻いてあったが、中身がない偽物で気の毒であった）

ちなみに、振根の名が出雲梟帥（出雲建）にすりかわっているのは、もともとこの説話が倭建命《やまとたけるのみこと》（日本武尊）伝承を拝借したものだからだろう。倭建命と出雲建の対決の話は、のちにくわしく述べよう。

それはともかくこの事件は、すぐに朝廷に報告された。さっそく、吉備津彦《きびつひこ》（四道《しどう》将軍のひとり、第七代孝霊《こうれい》天皇の皇子）と武渟河別《たけぬなかわわけ》（やはり四道将軍のひとり）が派遣され、出雲振根は殺されたという。

◇出雲を侵略するヤマトという図式

これが出雲の神宝をめぐる事件のあらましだが、これで終わったわけではなく、後日談がある。

事件ののち、出雲臣《いずものおみ》たちは、恐れかしこまって、出雲大神を祀らないまま放置してしまった。時に、丹波《たんば》の氷上《ひかみ》（兵庫県丹波市氷上町）の人で氷香戸辺《ひかとべ》という者が、皇太子の活目尊《いくめのみこと》に奏上《そうじょう》していうには、

「わたしには子があって、自然にものを話しはじめて次のように申しました」

といい、その内容は、次のようなものであったという。

玉萎鎮石《たまものしづし》。出雲人《いづもひと》の祭《いのりまつ》る、真種《またね》の甘美鏡《うましかがみ》。押《お》し羽振《はふ》る、甘美御神《みかみ》、底宝《そこたから》御宝主《みたからぬし》。山河《やまがは》の水泳《みくく》る御魂《みたま》。静挂《しづか》かる甘美御神、底宝《そこたから》御宝主《みたからぬし》。

この言葉の意味は、次のようになる。

玉のような水草のなかに沈んでいる石。出雲の人が祀《まつ》る本物の鏡、力のみなぎった神宝。水底の宝。宝の主。清らかな山河の清める御魂《みたま》……。

つまり、これはたんに子どもの独り言ではなく、神の言葉に違いないと大騒ぎになり、出雲臣に、ふたたび出雲大神を祀らせるようになった、というのである。ここに、一連の事件は、ようやく決着したのだった。

『古事記』の景行《けいこう》天皇の段には、これとそっくりな話が載《の》せられている。倭建命が熊襲《くまそ》征伐《せいばつ》に九州に遣わされ、その帰り道、出雲の地に立ち寄り、出雲建を成敗したというのだ。

ここで倭建命は、出雲建を殺そうと、ひと芝居打つ。すなわち、偽の刀を用意し、肥河《ひのかわ》（斐伊《ひい》川）で水浴びをしようと誘ったのだった。

倭建命はそうしておいて、先に水から上がり、出雲建の刀をとって、斬りかかり、討ち殺してしまったというのだ。

ここで倭建命は、次のような歌を詠《うた》ったという。

やつめさす　出雲建《いづもたける》が　佩《は》ける刀《たち》　黒葛多纏《つづらさはま》き　さ身無《みな》しにあはれ

自分でだまし討ちにしておいて「あはれ」と同情しているのも不思議な話だが、もちろん、出雲建の悲劇を、後世の何者かが詠い上げたものに違いない。あらためて指摘するまでもなく、これらの話のいきさつは、出雲臣にまつわる崇神《すじん》紀とそっくりである。

どちらのほうが本当の話だった、という類《たぐい》のものではなく、「出雲の悲劇」がいい伝えられ、それを、『古事記』『日本書紀』それぞれの編者が取り上げた、ということであろう。

出雲の屈辱《くつじょく》的な歴史は、これだけではない。『日本書紀』垂仁《すいにん》天皇二十六年秋八月の条には、次のような事件が記録されている。

それによれば、垂仁天皇は、物部十千根大連《もののべのとおちねのおおむらじ》に次のように命じたという。

すなわち、使いを出雲に遣わして、その国の神宝を検校《けんぎょう》（検査し監督する）させたのに、はっきりと申す者がいなかった。そこで十千根大連自ら直接出雲に出向き、神宝を検校して定めてくるように、と命じた。

そこで十千根大連は出雲に出向き、神宝を取り調べ、はっきりと奏上した。こうして十千根大連に、出雲の神宝をつかさどらせた、というのである。

神宝を差し出す、という行為は、その地域の祭祀権を放棄する、ということであり、ヤマト朝廷に服従することを意味する。

したがって、一連の記事は、なかなかなびこうとしない出雲勢力を、ヤマト朝廷がようやくの思いで屈服させた、という意味になろう。

◇祟る出雲の可能性をかぎつけた考古学

このような説話が、史実をどれだけ正確に記録しているのか、はっきりしたことは、今となってはわからない。しかし、出雲がヤマトに対し、何かしらの怨《うら》みを抱くようになった要因は、たしかにあったのだろうと、察しはつく。

そしてその事件は、たんに神宝を検校《けんぎょう》した、というだけの話ではなく、裏側には、出雲建《いずもたける》がだまし討ちにあったというような重く悲しい事件があったのではないか、と思えてならないのである。

なぜならば、ヤマトでは、「出雲が祟る」という共通の認識があったからである。その証拠に、『日本書紀』は、崇神《すじん》天皇の時代、疫病《えきびょう》と天変地異《てんぺんちい》が起こり、それは出雲神・大物主神《おおものぬしのかみ》の仕業だったとしている。

「祟る出雲」の可能性を考古学はかぎつけている。というのも、「出雲（山陰）」は、本当にヤマト建国の後、衰弱していたと考えられるようになったからである。

それは、たとえば、出雲の西部に弥生《やよい》時代後期に出現した西谷墳墓群《にしたにふんぼぐん》の四隅突出型墳丘墓《よすみとっしゅつがたふんきゅうぼ》がその後つくられなくなり、また、鳥取県の妻木晩田《むきばんだ》遺跡や青谷上寺地《あおやかみじち》遺跡といった、繁栄を誇った集落が、あっという間に衰退し消えてしまうからである。

このあたりの事情を、渡辺貞幸《わたなべさだゆき》氏は、『大和政権への道』（西嶋定生他　日本放送教育協会）のなかで、次のように述べている。

かつて出雲がよしみを通じていた地域ではそういうふうに古墳時代になると巨大な前方後円墳が出現するにもかかわらず、出雲の古墳時代前期には大きな前方後円墳はつくられない。出雲の東部ではせいぜいが四、五〇メートルの方《ほう》墳《ふん》である。出雲の西部では大型古墳そのものが知られていないのです。そこで私は（中略）、出雲の「挫折」がこのころにあったのではないかと想像しております。

まさに、出雲は、ヤマト建国後の新たな潮流に乗り遅れたのである。それは、失策というレベルの話ではなく、明らかに、ヤマトとは一線を画す道を選択し、あるいは、そうせざるを得ないように、強制されたかのどちらかだろう。

そして、この地域では、のちにふたたび触れるように、前方後円墳《ぜんぽうこうえんふん》の代わりに、前方後方墳《ぜんぽうこうほうふん》という特殊な古墳を造営していく。前方後方墳とは、要するに、へそ曲がりの埋葬文化であったといえるだろう。

なぜ出雲は屈折していったのだろう。そして、ここに、「祟る出雲」のヒントは隠されているのだろうか。ヤマト建国に尽力したはずの出雲が、なぜここにいたり、歴史に埋没してしまったのだろう。

ここで冷静に、理詰めに考えれば、まず第一に、「なぜ没落したのか」を考える前に、「なぜ出雲は弥生後期に勃興《ぼっこう》したのか」を、まず考える必要があろう。出雲は弥生後期に突然力をつけ、ヤマト建国の重要な要素となっていったのである。その要因を探っておく必要があるだろう。そうすれば、おそらく「祟り」の遠因も見えてくるに違いないのだ。

そこで、弥生後期の状況を俯瞰《ふかん》してみると、出雲の繁栄は、むしろ歴史の必然であったと思えてくるのである。

それは「地理」のいたずらであり、もし日本列島の形が少しでも違っていたら、こういう推理は成り立たないであろうというほどの、微妙な「地理」である。「地理」の宿命が、統一をめざそうという西日本の気運の高まりのなかで、歴史の因縁を築いたのである。

さて、それでは、弥生後期の出雲の繁栄を支えた地理とはいかなるものだったのか、以下しばらく、北部九州と瀬戸内海と、山陰地方の地理のおさらいをしてみよう。

◆日本列島の地理が弥生後期の出雲の繁栄を後押しした！

日本列島の地理が、弥生後期の出雲の繁栄を約束していた……。これが何をいわんとしているのか、少し説明をしなければなるまい。

まず、日本列島の形を思い浮かべればすぐにわかるように、東西南北に長い島国には、それぞれの地域の特徴というものがある。違った気候、違った地形、そして、違った環境である。

そのなかでも、「商環境」という点で、ずば抜けた立地を誇っていたのが、北部九州であった。列島のなかで最も朝鮮半島に近い位置にあり、しかも、博多《はかた》周辺から朝鮮半島に向かうと、ちょうどいい按配《あんばい》に、壱岐《いき》、対馬《つしま》という中継拠点がある。また、博多湾は、これ以上の条件はない、というほどの、天然の良港である。

したがって、北部九州は、最新の大陸の文物が流入し、交易によって繁栄する要素が備わっていたことになる。

もちろん、だからこそ、この地域の人びとは、いち早く富を蓄え、「小国家」らしきまとまりを形づくり、中国大陸の情勢にも精通し、漢王朝にかかわりをもつようになっていったということであろう。

『後漢書《ごかんじょ》』倭伝《わでん》には、建武中元《けんむちゆうげん》二年（五七）に、「倭国《わこく》の極南界の奴国《なこく》が、奉貢《ほうこう》朝賀《ちょうが》して来たので、これに印を賜授《しじゆ》した」とある。

天明《てんめい》四年（一七八四）、奇跡的に志賀島《しかのしま》の百姓甚兵衛《じんべえ》が見つけた金印《きんいん》がこれである。「漢委奴国王《かんのわのなのこくおう》」の文字が刻まれていたことで知られている。

弥生時代を代表する北部九州の奴国は、他の地域から見れば、どこか別世界のような華々しさがあったのではなかったか。

それに、漢帝国は倭国からの訪問を、非常に歓待した。それは、「辺境の国がなびいてくるのは、漢の皇帝の徳の高さの証明」という意識があったからである。この点、日本が東方の最遠の国であったことは幸運であった。

もっとも、北部九州が大陸や朝鮮半島とのつながりを重視したがために、大陸の動乱や混乱に強い影響を受けたのも、いっぽうの事実であったろう。

中国側の史料に載る「倭国乱《わこくのらん》」も、このような交流の歴史と無縁ではなかったのだ。日本は東海の孤島であったが、孤立無援だったわけではなく、大陸や半島の情勢から大きな影響を受けたのである。

たとえば、朝鮮半島で本格的に鉄製武器が普及するのは紀元前一世紀前半以降で、北部九州にもほぼ同時に鉄器が普及している。なぜそれ以前に普及しなかったのかといえば、漢帝国の戦略が密接にからんでいたのではないか、とする説がある（『弥生時代の鉄器文化』川越哲志　雄山閣）。

川越氏は鉄器が突然日本に流入しはじめた背景には、何かしらの人為的な要因があると考え、前漢の武帝が、匈奴《きょうど》に対抗するために関所を設け、馬や鉄といった強力な武器の流出を防ぐ政策をとっていることに注目した。

これが、前二世紀中葉から前一世紀初頭のことであり、朝鮮半島から北部九州に鉄器の武器が普及したのは、ちょうどこの禁が解かれた頃にあたっていたわけである。

このように、大陸情勢と日本列島の歴史は、非常に密接な関係にある。

そして、紀元後一世紀に倭の奴国が漢から金印を授かっていたことの重みを、あらためて感じることができる。北部九州勢力は当然のことながら、漢帝国の虎の威を借りていたのであろう。だからこそ、弥生時代の途中までひとり繁栄を誇り得たのである。

◇北部九州の地理上の長所

弥生時代、北部九州は、「鉄」を独占しようとし、またそれが可能だった。ここに多くの問題の端緒《たんしょ》がある。

鉄の流通をめぐる攻防こそが、「弥生時代後期の争乱＝倭国乱《わこくのらん》」を引き起こし、邪馬台国《やまたいこく》の卑弥呼《ひみこ》を生み、さらには、ヤマトを建国させたといっても過言ではない。

鉄は武器として優秀であったけれども、それよりも、農業の生産性を向上させる利器であり、鉄を保有することで、地域の人口や富を増大させることができた。また、だからこそ、鉄を求めて、それぞれの地域が躍起《やっき》になったわけである。

そして、弥生時代の北部九州の鉄の保有量は、畿内《きない》（ヤマトとその周辺）を圧倒していた。北部九州の鉄の出土量を見れば、畿内には、ほとんど鉄が流通していなかったというほどの差がある。

邪馬台国北部九州論者は、これほどの鉄の保有量の差があれば、とてもではないが、畿内に西日本をまとめるだけの力があったはずがない、という。そのうえで、ヤマトを建国したのは、北部九州から東遷《とうせん》した勢力であったに違いない、とする。すなわち、邪馬台国は北部九州にあって、それがそのままそっくりヤマトに移動して、ヤマトは建国された、という考えである。

このような邪馬台国問題については、次章でふたたび触れようと思うのだが、その前提としての「地理問題」を、まず片づけてしまおう。

さて、北部九州は、交易に有利なだけの土地ではなかった。東に目を向ければ、現在の北九州市のすぐ向こうには、狭い関門《かんもん》海峡を隔《へだ》てて、中国地方、それから、瀬戸内海という内海《うちうみ》が広がっている。

瀬戸内海ほど恵まれた「内海」はない。

小さな島々が点在し、海底の地形は入り組んでいる。海流は複雑に流れ、航海は困難を極《きわ》めるが、潮の流れを熟知した者なら、船を漕ぐこともなく自在に航行することができるという魔法の海に化ける。

瀬戸内海沿岸の人間にとって、瀬戸内海は、交易のための貴重なハイウェーであり、この一帯が発展する可能性は高かった。

ところが瀬戸内海には、ひとつだけ欠点があった。この致命的な欠点のおかげで、瀬戸内海社会は、九州に後《おく》れをとったのだ。

では、その致命的な欠点とはなにか……。そこでまず、弥生時代後期の青銅器の文化圏を図（一七五頁）にしてみた（近藤喬一《こんどうたかいち》氏による）。

この直後、出雲では、青銅器を地中に埋納《まいのう》し、四隅突出型墳丘墓《よすみとつしゅつがたふんきゅうぼ》を築いていくのだが、この時期の文化圏の分布は、実に多くの示唆をわれわれに与えてくれる。

注目していただきたいのは、北部九州から四国西部にかけての勢力だ。この青銅器文化圏の特徴は、なんといっても、瀬戸内海の急所を押さえている、ということである。

現在の山口県と福岡県の県境、すなわち関門海峡は、壇《だん》ノ浦《うら》の合戦の舞台としても知られる水上交通の要衝である。

海峡の最も狭い部分（早鞆《はやとも》ノ瀬戸《せと》）の幅は約七〇〇メートル。中国人が見れば、当然「河」としか思わないであろう狭さである。狭いから、潮の流れが速く、最速八ノットという驚異的な数字になる。壇ノ浦の合戦の勝敗を決定づけた自然の力だ。

◇関門海峡を封鎖して鉄を独占した北部九州

近藤喬一《こんどうたかいち》氏は、この関門海峡に注目し、『古代出雲王権は存在したか』（松本清張編　山陰中央新報社）のなかで、次のように指摘している。

そうすると一番有利な立場にあるのはどこでしょうか。北部九州なんですよ。北部九州は常に自分の意志で壱岐《いき》、対馬《つしま》を通って朝鮮半島、大陸へ行ける。それに対して畿内はどうです。畿内は関門を抑さえられたら出れないわけですよ。そら、エジプトなんかよくやるじゃないですか。運河を閉鎖する。

すなわち、北部九州が関門海峡を封鎖してしまった疑いを挙げている。この指摘は重大な意味をもっている。つまりポイントは、この「瀬戸（幅の狭い海峡）」を押さえるだけで、瀬戸内海は「死に体」になるということである。

なんという因縁めいた地理であることか。

関門海峡をひとたび手中にしてしまえば、まるで、蛇口《じやぐち》をひねるようにして、北部九州勢力は、瀬戸内の流通と経済を制御できるのである。

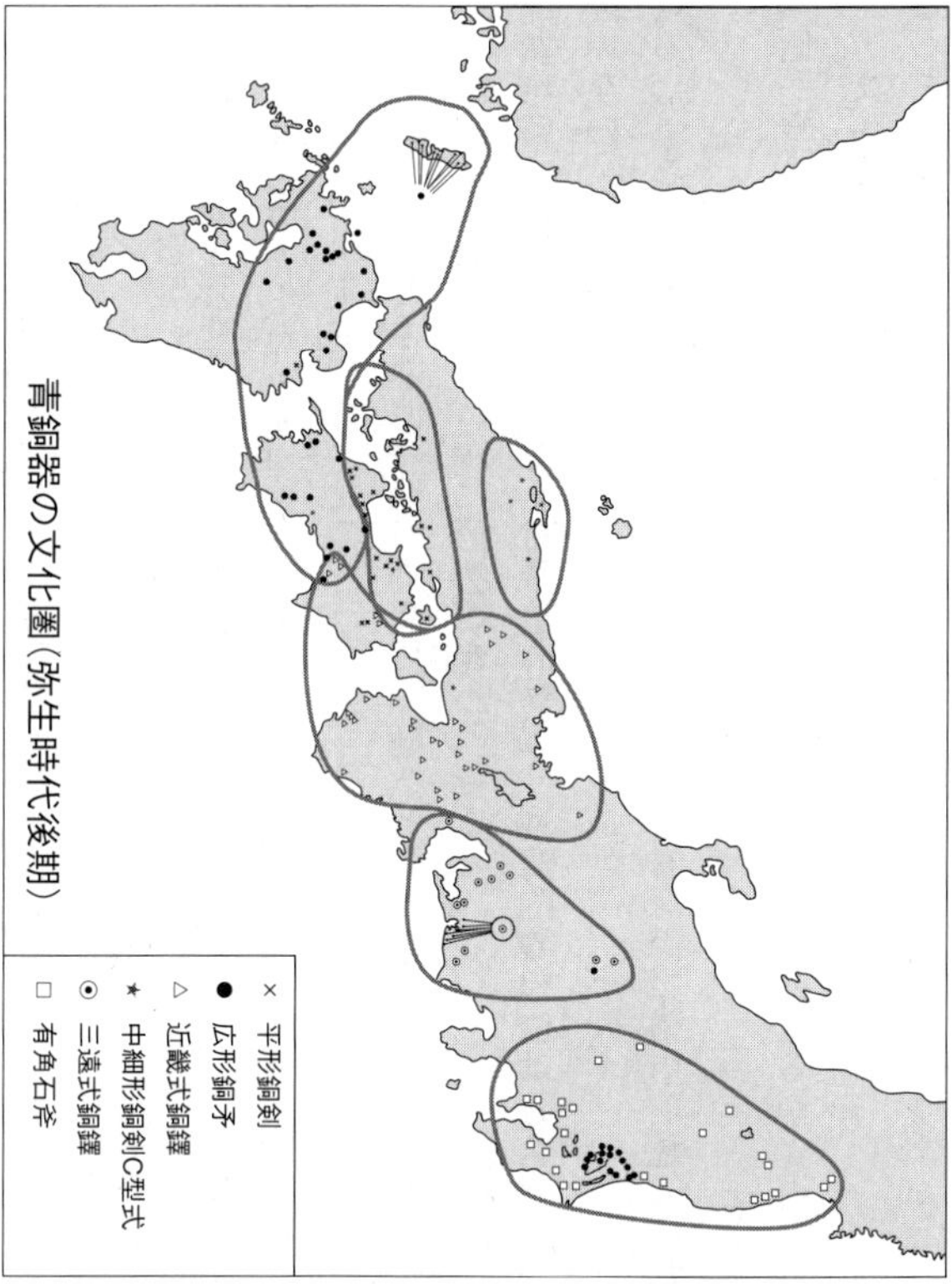
青銅器の文化圏（弥生時代後期）
× 平形銅剣
● 広形銅矛
△ 近畿式銅鐸
★ 中細形銅剣C型式
⊙ 三遠式銅鐸
□ 有角石斧

つまり、弥生時代に畿内に鉄が流れ込まなかったのは、この海峡の狭さが最大の原因だったと察しがつく。

つまり、弥生時代の北部九州の繁栄は、必然ですらあったのだ。

朝鮮半島と交易を行なうことで富を独占していた北部九州は、この関門海峡の交通を、自在にコントロールすることで、瀬戸内海勢力に対して優位に立ったし、その立場は、決定的であったろう。

ここに、北部九州とその他の地域の間に、歴然とした富の格差が生まれた。

ところが、ここから、にわかに形勢が変わってくる。

北部九州にすれば、瀬戸内海を封じ込めれば、列島内の地位は万全と思っていたに違いない。

ところが、思わぬ落とし穴があった。それが、日本海沿岸の山陰地方の勃興である。

日本側から見ると、出雲から朝鮮半島はかなりの距離を感じるが、逆から見ると、そうでもないことがわかるはずだ。

すなわち、朝鮮半島から舟を漕ぎだし、仮に対馬や壱岐を経由しなくとも、対馬海流に身を任せて航海をつづければ、自然と出雲の島根半島の出っ張りにぶつかったのである。現在でも、島根半島には、朝鮮半島のゴミが、相当量流れ着くことで知られている。

そして、まさに、その島根半島の出っ張りにひっかかった船の寄港する地が、杵築大社《きづき》（出雲大社）のお膝元の、神門《かむど》の水海《みずうみ》にほかならない。

この地に、弥生時代後期に富が蓄積していったのは、瀬戸内海沿岸地方では難しかった朝鮮半島との直接の交流が容易であったからであろう。これも、日本列島の地理の妙である。

さらに、出雲から東に向かえば、能登半島の出っ張りにぶつかる。その手前、敦賀《つるが》にも天然の良港があって、出雲と越《こし》の間に濃厚な交流が生まれたのも、当然である。

そして、さらにその先に行けば、巡り巡って、北回りの日本海一周航路も、可能性として捨て去ることができない。

海岸沿いに港々に寄港しつつ日本海を一周すれば、そう危ない目に遭わずに（もちろん、季節は選ぶだろうが）、長旅ができたのではあるまいか。

こう考えると、山陰地方に出回った鉄器が、なかなか畿内には入らずに、むしろ越にたどり着き、さらにそこから内陸に向かって川をさかのぼって浸《し》みいるように伝わっていった理由も、わかるような気がするのだ。

◇弥生時代後期の出雲の勃興

島根県教育庁古代文化センター主任研究員の岩橋孝典《いわはしたかのり》氏は、「山陰弥生文化公開シンポジウム　山陰VSヤマト」(二〇〇三年七月十九日)のなかで、「日本海の物流から弥生時代を考える」という題目の講演をし、このあたりの事情を解き明かす、興味深い指摘を行なっている。

古墳時代に至って、日本海沿岸諸国では畿内《きない》の外港として機能を維持された丹後《たんご》地域以外は、全長二〇〇mを超えるような大型前方後円墳は築造されない。山陰地域が史上、日本列島のなかで最も光芒《こうぼう》を放った時期の一つはまさに古墳誕生前夜の時期であった。

とする岩橋氏は、その原因を、弥生時代の山陰地方の歴史を振り返り、次のように推理している。

まず、弥生時代前期の段階で、島根県沿岸部に弥生文化が流入した。また、時をおかず、河川を遡《さかのぼ》って山間部にも日本海と瀬戸内海から新来の文化が流れ込んだ。

弥生時代中期末ごろ、鉄の流通量と消費量が増え、それまでの近畿地方の石器流通の再編成が行なわれ、この過程で、サヌカイトの流通を通じて瀬戸内海と共通の社会を構成していた山陰地方は、しだいに鉄に依存することで、独自性を打ち出していく。

一世紀前半に中国の新王朝（後漢《ごかん》）が誕生し、弥生時代後期に突入し、新《しん》の貨《か》泉《せん》は西日本各地に運ばれていた。

このような流通の安定は、弥生時代後期初頭までつづいたが、後期中葉、北部九州の勢力は、瀬戸内海ルートを遮断し、畿内に向かう鉄素材流通を制限していたと考えられる。

このような北部九州の圧迫に対抗し、畿内とそれ以東の地域は、流通ルートを日本海沿いの諸国に求めた。この結果、山陰地方の首長層が急速に力をつけていく（青谷上寺地《あおやかみじち》遺跡や妻木晩田《むきばんだ》遺跡繁栄の時代である）。

この時期、出雲には北部九州系の土器が増えていて、このようなことは、山口県以外の本州の地域では見られなかったことだという。

つまり、岩橋氏は言及していないが、北部九州の勢力は完璧に畿内と対立していたとしても、山陰地方とは、共存する道を模索していた、ということであろうか。そして、日本海沿岸で漢鏡がほとんど出土しないのは、朝鮮半島南部（のちの伽耶《かや》）の傾向と似ていて、出雲がこの地域から鉄資源を確保していたのだという可能性も出てくるという。

卓見である。近年の考古学、特に、平成十年（一九九八）前後の山陰地方（特に鳥取県）で、鉄が大量に見つかって以来、弥生後期の山陰地方の勃興は、ほぼ明らかとなり、岩橋氏のような考え方が、これから通用していくに違いないのである。

◇中国の盛衰と北部九州への影響

さて、ここまでが、弥生時代中期から後期にかけての、日本列島の微妙な地理がつくり出した、勢力地図である。

北部九州が関門《かんもん》海峡を封鎖したから、瀬戸内海には鉄器が流入せず、山陰地方の勢力が、北部九州に接触し、あるいは直接朝鮮半島とつながっていった、というわけである。

ところが、しだいに、北部九州の繁栄にかげりが見えはじめる。

その原因は、ただたんに「地理」だけで解けるものではないことはもちろんのことだ。このころ、頼りになる後ろ盾にかげりが見えはじめたのである。

後漢《ごかん》王朝の栄光の日々は、一世紀の末までで、それ以後、内政の混乱、政争や異民族の侵入によって、しだいに国力を疲弊《ひへい》させていった。また、二世紀中頃から寒冷化が進み不作がつづくと、官僚の腐敗とあいまって、混乱は助長された。

半ば無政府状態となった王朝にとどめを刺したのは、宗教秘密結社の反乱、黄《こう》巾《きん》の乱《らん》（一八四）で、これを鎮圧するも、結局、二二〇年に漢王朝は滅亡し、魏《ぎ》、呉《ご》、蜀《しょく》の三国時代に突入する。

後漢王朝の戦乱と飢餓のすさまじさは、数字に表われている。滅亡時、最盛期の十分の一近くにまで人口が激減したというから、想像を絶する衰退である。文明の滅亡といいかえても過言ではないほどだ。

このころ、多くの人びとが、戦乱を逃れて、ボートピープルとなり朝鮮半島に逃れたことは、『三国史記《さんごくしき》』に描かれ、朝鮮半島のみならず、日本列島にも、多くの難民が逃れたであろうことは、想像に難くない。

後漢王朝の混乱は、そのまま朝鮮半島、そして日本列島に、重大な影響をもたらしたことは当然のことである。

倭国の大乱が二世紀半ばから末にかけて起こったのは、このような中国の混乱と無縁ではない。漢の虎の威があてにならなくなり、北部九州は窮地《きゅうち》に陥ったに違いない。そして、このころ、北部九州の鉄の寡占《かせん》体制にほころびが生まれていたのである。

すなわち、鳥取県の妻木晩田《むきばんだ》遺跡や青谷上寺地《あおやかみじち》遺跡から鉄器が大量に出土したことは、この時代の鉄器の流通に、大きな変化が起きていたことを示している。

さらに、丹後半島でも大量の鉄が集まり出し、また、量は少ないが、越《こし》、北関東、東北南部にまで、鉄器が普及していっている。また、一時的に出雲と同盟関係を結んだ可能性がある吉備《きび》にも、多くの鉄が流れ込んでいる。これは、日本海が「鉄の道」を形成していったからであろう。

そして、この新たな鉄の流通のルートは、ほぼ、四隅突出型墳丘墓《よすみとっしゅつがたふんきゅうぼ》の伝播《でんぱ》の範囲と重なっている点を無視することはできない。四隅突出型墳丘墓といえば、山陰地方と越だけを思い浮かべるが、この弥生墳丘墓の影響は、長野県や福島県にも、及んでいたのである。

そして、それまでの北部九州の繁栄に、かげりが見えはじめる。

日本列島を見渡しても他に例を見ないほど豪奢《ごうしゃ》な副葬を行なっていた北部九州で、副葬の品がしだいに貧弱になっていったのである。

◇北部九州の地理上の短所

問題はここからだ。

ヤマト建国を促《うなが》した地理上の条件は、関門海峡だけではなかった。もうひとつ、「北部九州」という特殊な地形が横たわっていたのである。

北部九州には、地形的に重大な欠陥があった。いったん瀬戸内海方面に、同等の力をもった敵が現われれば、防衛上、抜き差しならぬ事態に陥る、ということである。それを知っていたからこそ、北部九州は、瀬戸内海の成長を、意識的に抑え込もうとしていたのかもしれない。

北部九州の繁栄の源は、博多湾周辺の天然の良港と、さらには、増えつづける人口を養うことのできる、肥沃《ひよく》で広大な筑紫《つくし》平野であった。

ただ、瀬戸内海勢力が宇佐《うさ》方面と福岡方面から攻めかかってくれば、これを防ぐのは、むずかしかった。特に、最大のネックは、筑後《ちくご》川の上流の、大分県日田《ひた》市である。

日田盆地の特徴は、筑紫平野方面からは、入口が一か所で、しかも、そこは狭隘《きょうあい》な谷壁《こくへき》に囲まれていて、天然の要害になっている。これに対し東には、道が方々に延び、どこからでも攻め入ることができる。したがって、筑紫平野の勢力にとって、ひとたび日田を取られたら、背後に憂いを抱える形になる。その上で、北の入口、博多を攻められれば、へたをすれば、北と南から挟み撃ちにされる恐れが出てくるのである。

そこで、もし仮に北部九州勢力がひとつのまとまりとして瀬戸内海勢力に対処

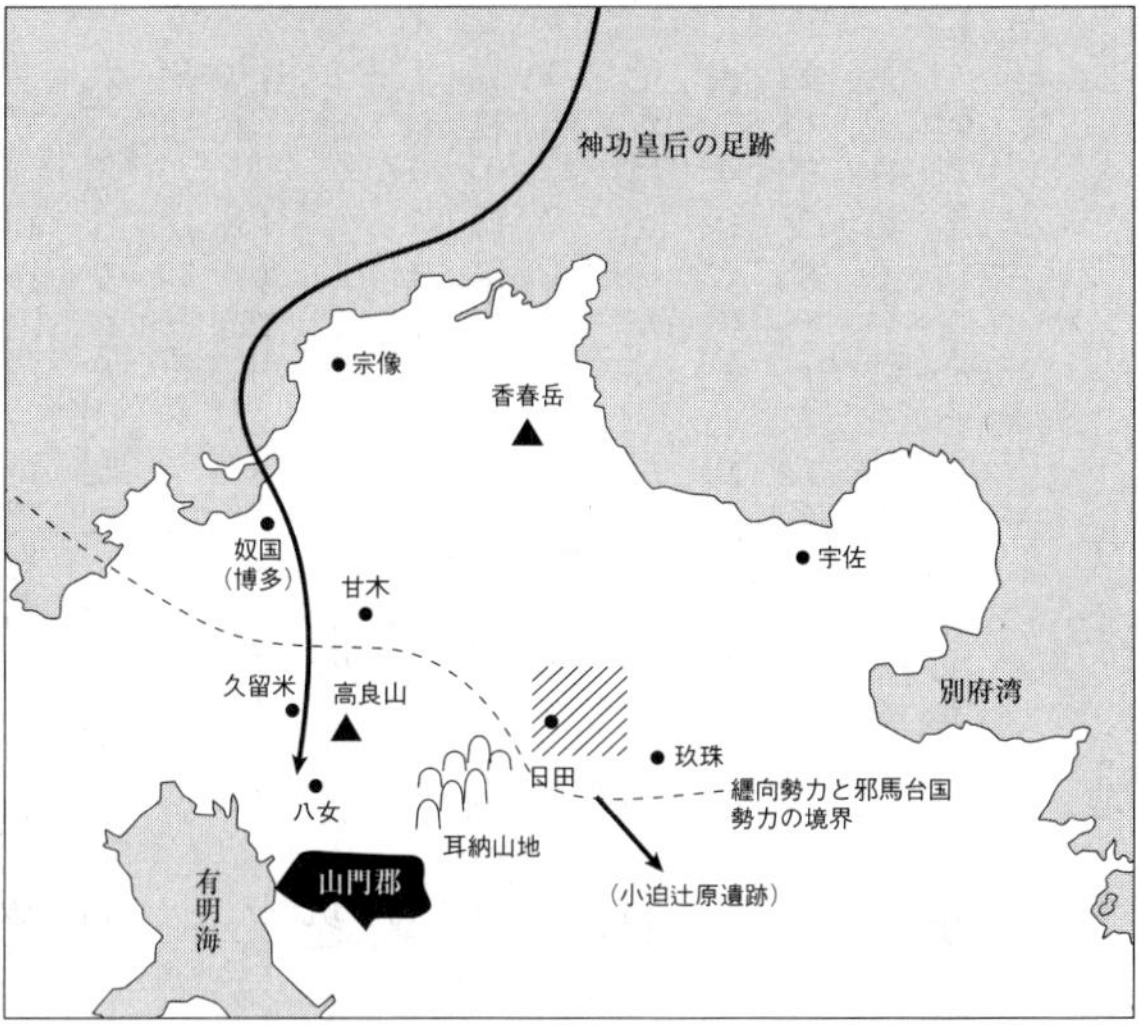

するのなら、本来なら流通の要《かなめ》、現在の福岡市周辺に拠点を設けるべきところだが、日田を念頭においた場所に、防衛上の拠点を設けざるをえなくなるのである。

そしてその場所がどこであるかもはっきりしている。それが、日田から筑後川を下った先、福岡県久留米市御井《みい》の高良《こうら》山である。この山が古代史に重大な役割を負っているので、話は脱線するが、少し高良山について触れておかなければならない。

さて、高良山といってもあまり馴染《なじ》みはないだろう。これまで、ほとんど注目されてこなかった山だからだ。だが、この山は、ヤマト建国や邪馬台国《やまたいこく》と非常に密接なかかわりをもっている。

日田から筑後川を下って行くと、左手にほぼ並行して、耳納《みのう》山地が連なっている。その、西のへり、有明《ありあけ》海の方角に屹立《きつりつ》しているのが、標高三一二メートルの高良山である。

高良山には高良大社があって、祭神は高良玉垂命《こうらたまたれのみこと》と豊比咩命《とよひめのみこと》である。この二柱の神も、謎が多く、正体がはっきりしない。

それはともかく、高良山には、山の中腹の周囲二・五キロにわたり、七〇×八〇センチほどの列石が並べられている。これは神籠石《こうごいし》と呼ばれ、七世紀ごろ防衛上の目的で並べられたのではないか、と考えられている。

高良山が古代から注目されたのは、久留米周辺が交通の要衝であること、さらに、穀倉地帯であること、北部九州を防衛するための「難攻不落」の山城《やまじろ》だったからである。

しかも、「日田」という致命的な地理の欠陥を抱えている北部九州は、「日田」

に対抗するために、高良山を死守する必要があったのだ。このことは、実際に久留米から日田に向かって車を走らせるか、あるいは、地形図を見れば、一目瞭然である。

謎多い高良玉垂命と豊比咩命を祀る高良山の高良大社

高良山の重要性は「天下の天下たるは、高良の高良たるが故《ゆえ》なり」と讃《たた》えられたほどで、古代から中世にかけて、たびたび戦乱の舞台になったし、豊臣秀吉《とよとみひでよし》も、九州征伐の際、陣を構えている。

古代北部九州の行政の中心は太宰府《だざいふ》であり、商業の中心は海岸地帯の博多であった。だが、防衛上の最大の拠点は、何があっても高良山でしかありえない。

平時は博多近辺を北部九州連合の「首都」にしてもなんの問題もないが、いったん「東（瀬戸内海方面）」の勢力が攻めかかり、戦端が開かれれば、博多も太宰府も、安閑《あんかん》としていられる場所ではなくなる。

一気に本陣を高良山に移す必要がある。その北部九州の地理上の特異性に、史学界はあまりにも無頓着《むとんちゃく》であった。そして、だからこそ、邪馬台国の謎も解けなかったのである。

では、なぜ高良山の重要性が忘れられていたかというと、それはもちろん、北部九州には「日田盆地」という「ツボ」のあることに、だれも気づいていないからである。ちなみに、近世に入って徳川幕府は、北部九州ににらみをきかせるために、日田を天領《てんりょう》にしている。このように、「東」が北部九州を支配する場合、日田に楔《くさび》を打ち込むのは、鉄則だったのだ。そして、戦乱の時代の人間の方が、地理の妙に敏感だったはずである。

◆はっきりしてきた出雲の目論見

ヤマト建国の前後の「纒向勢力《まきむく》」は、心得たもので、北部九州の「ツボ」をしっかり押さえている。

日田の盆地を見下ろす高台に小迫辻原《おざこつじばる》遺跡があって、三世紀の畿内《きない》や山陰の土器が出土している。

この遺跡には、政治と宗教の建造物が見つかっており、しかも、建物群の盛衰は、纒向《まきむく》のそれと歩調を合わせているかのようだ。

すなわち、畿内の新興勢力は、筑紫《つくし》平野を見下ろし、北部九州を抑えつけるための拠点となるこの盆地の利用価値を十分見抜いていたことがわかる。そして、小迫辻原遺跡で、畿内と山陰の土器両方が見つかっているところが味噌である。

ことここにいたり、弥生時代後期の出雲の目論見《もくろみ》というものを推理することができるようになった。

北部九州が関門海峡を封鎖したことで、瀬戸内海の東側の勢力は、いったん没落したであろう。これに代わって、急速に力をつけたのが、出雲であった。出雲は朝鮮半島の鉄を山陰地方のみならず、越《こし》の国にももたらした。

ここで想像をたくましくすれば、出雲は、朝鮮半島との交易によって、めまぐるしく流動化する国際情勢を肌《はだ》で感じたであろう。

それは、けっして対岸の火事ではない。火の粉を浴びる可能性がないわけではなかった。これに対処するには、各地の首長層がバラバラになって競っているような状態から抜け出す必要があると思ったに違いない。

すなわち、北部九州の圧力に負けず、しかも、安定した連合体をつくる必要がある。それは、防衛的にも政治的にも安定した政権でなくてはならない。

そのような連合体をつくるにあたって、最大の問題は、「地理」である。

流通、情報、軍事これらの拠点に相応《ふさわ》しい土地はどこにあるのか。西日本で一か所、ここしかない、というところがある。それが、畿内のヤマトである。

西側からの攻撃にめっぽう強く、さらに、背後は山に囲まれている。瀬戸内海、日本海、さらには、四国の南側の海上ルートも確保できる。あとは関門海峡が開けば、西日本の中心になる。

出雲にすれば、だれかがヤマトの盆地を占領し、しかも関門海峡を開いてしまえば、出雲は真っ先に没落するという最悪のシナリオまで想定していたのではあるまいか。

とするならば、「ヤマト建国」に出雲が積極的に参加した意味がよくわかる。ヤマトに拠点をつくり、そのいっぽうで関門海峡の封鎖を解く……。それは、出雲からの視点がなければなしえなかったのではないかと思えてくるのである。

それならばなおさらのこと、ふたたび同じ謎に引き返すのである。すなわち、ヤマト建国の最大の立役者であったろう「出雲」は、なぜ祟《たた》る神となり、そして、神話の世界に封印されてしまったのか……。いよいよ、謎は深まるのである。

そのヒントは、いったいどこに隠されているのだろうか。

第四章

出雲はなぜ祟るのか

◇どんどん繰り上がる古墳時代の年代観

ヤマト建国の功労者であったはずの出雲が、なぜ祟《たた》るのか。なぜ出雲神は祟ると、だれもが信じたのだろう。

その答えは、ヤマト建国の真相がつかめれば、はっきりとするはずである。そして、ヤマト建国の謎とは、要するに邪馬台国《やまたいこく》の謎でもあることが、考古学の進展によってはっきりしてきた。

ヤマト建国の象徴《しょうちょう》ともいうべき定型化した前方後円墳《ぜんぽうこうえんふん》の誕生が、それまで信じられていた四世紀ではなく、実際には、邪馬台国の時代と重なる三世紀の中頃から後半のことであった可能性が高まったからである。

ちなみに定型化とは、ある条件をみな揃えた、という意味で、それ以前の前方後円墳を、纏向型《まきむくがた》前方後円墳と名付け、区別する説が根強い。一方で、二つの前方後円墳には、はっきりとした差はない、とする説もあるのだが……。

では、なぜ前方後円墳誕生の年代観が早まってきたかというと、まず第一に、弥生時代のこれまでの土器編年《どきへんねん》だけに頼ってきた相対的な年代観が、しだいに繰り上がりつつある、ということである。

たとえば、年輪年代測定法《ねんりんねんだいそくていほう》の出現によって絶対的な年代の割り出しが可能となり、少なくとも、弥生中期が、それまでの常識から七十年近く繰り上げられてしまった。そして最近では、新聞で騒がれたように、弥生時代のはじまりも、何百年という単位で、大きく繰り上げられる可能性が出てきたわけである。このように、弥生時代の時間の幅は、しだいに伸びて長くなっているのだ。そして第二に、初期の前方後円墳出現の年代観そのものに変化が起きてきた。

たとえば、吉備《きび》や出雲、丹後《たんご》、畿内《きない》に、さかんに王墓と呼ぶに相応《ふさわ》しい墳丘《ふんきゅう》墓《ぼ》が次々につくられていく時代、すなわち、古墳時代前夜の暦年代も、ほぼ明らかになっている。

また、奈良県の纒向石塚《まきむくいしづか》古墳（纒向型前方後円墳）の周濠《しゅうごう》最下層から出土したヒノキ板材の一番外側の年輪の暦年は二世紀の後半、西暦一七七年であった。製材するときに削《けず》った幅を考慮しても、この古墳が造営されたのは、二世紀末～三世紀初頭のことではないか、とする考えが、邪馬台国畿内論者を中心に主張されている。

さらに、黎明《れいめい》期の「定型化した前方後円墳（前方後円型の墳墓から発展したも

卑弥呼の墓ともいわれる箸墓（箸中山古墳）

の）」に副葬された鏡が、三世紀中頃の代物であった可能性が出てきたのである。

『魏志《ぎし》』倭人伝《わじんでん》によれば、倭国王・卑弥呼《ひみこ》は、二世紀の後半に現われ、三世紀の半ばに死んでいたという。とするならば、纒向遺跡と邪馬台国は、なにかしらのつながりが出てくるかもしれないのである。

邪馬台国は本当に畿内で決まったのか

当然のことながら、考古学者のなかには、「邪馬台国は畿内《きない》で決まった」と断言する人も現われたのであり、邪馬台国論争は、どんどん畿内説が優位になっている。

ただし、結論を急いではなるまい。たとえば年輪年代法によって件の古墳の周溝に捨てられた木材の伐採時期が分かったからといっても、それが直接古墳の造営時期を確定する材料にはならないからだ。

また、三世紀の纏向《まきむく》に、突発的に政治と宗教の都市が生まれたこと、このことから推測して、西日本各地の首長が、ヤマトの勃興《ぼっこう》を後押ししていた疑いが日増しに強まっている。とはいえ、だからといって、邪馬台国が畿内で決まったかというと、そう断言する証拠はなにもない、ということである。

畿内のヤマトが当時の西日本で最も大きな勢力になりつつあったのは確かにしても、いちばん大きな国だからといって、そこが魏《ぎ》から倭国《わこく》の首都と認められた確証はない、ということである。

すなわち、ヤマトの王ではない何者かが、「わたしこそが倭国の王」と魏に「申告」し、魏がそれを認めてしまえば、ヤマトの王がどれだけ威張っても力をもっていても、彼は絶対に「親魏倭王《しんぎわおう》」にはなれないのである。

もっとも、畿内のヤマトが邪馬台国であった可能性はない、といっているのではなく、「邪馬台国がヤマトであった可能性は高まった」にしても、まだ「邪馬台国は畿内で決まり」と断言するほどの決定的な証拠は、何ひとつ出ていない、ということである。

一方、邪馬台国北部九州論者は、今劣勢に立たされている。古墳時代のはじまりが三世紀後半、あるいは三世紀中頃ということになれば、これまでの主張は通用しなくなるからだ。

「弥生時代を常にリードしていた北部九州勢力が邪馬台国を支えたのであり、その北部九州が四世紀に東遷《とうせん》してヤマトが建国された」という、これまでの邪馬台国論の「王道」は、修正を余儀なくされるのである。

だが、ことはそう簡単ではない。北部九州論者のなかには、畿内の「鉄不足」は致命的だったのだから、三世紀のヤマト建国はありえないとし、また、近年の古墳時代の年代の繰り上げは恣意的《しいてき》で、とうてい承服できないと主張する。

結局、考古学が進展したからといって、邪馬台国論争はすぐに解決するわけではなかったのである。

邪馬台国は畿内で決まったという発言は「暴走」である。けれども、古い年代観に固執する邪馬台国北部九州論者も問題である。纒向石塚古墳が三世紀初頭の造営という考えは無理があるとしても、定型化した前方後円墳の出現が三世紀の後半とみなすことは自然の成り行きである。

彼らが年代観の急激な変化を疑問視するのは、「自説にとって不利になる」、というだけの理由ではないだろうか。邪馬台国北部九州論者は、年代観の変化に柔軟に対処すべきであろう。

◇脚光を浴びる庄内式・布留式土器

ヤマト建国と邪馬台国をめぐる問題で、にわかに脚光を浴びはじめたのは、三世紀の畿内を代表する「庄内式土器《しょうないしき》」と「布留式土器《ふるしき》」の二種類の土器ではないだろうか。

古墳時代初頭の土器・庄内式土器は、大阪府豊中《とよなか》市の庄内というところで発見されたため名付けられた。弥生時代後期から古墳時代の土師器《はじき》（庄内式土器の次の段階、布留式土器からはじまる）への移行期に出現した土器で、実年代でいうと、西暦二〇〇年頃から二七〇年前後にかけて使われた土器（邪馬台国の卑弥呼《ひみこ》の死がおそらく二四七年頃）と考えられている。

庄内式土器が三世紀前半から半ばを代表する土器とするならば、布留式土器はこれを受け、三世紀後半に出現したと考えられている。そして、この二つの土器をめぐっては、いくつもの特筆すべき事象《じしょう》が垣間見られる。

まず第一に、庄内式土器と布留式土器は、纒向《まきむく》遺跡の誕生と移り変わりと密接にかかわっている。その証拠に、畿内の土器文化と吉備《きび》の文化が重なって誕生したのが庄内式土器で、さらに、山陰（出雲）の文化が加増され、布留式土器が産み落とされている。まさに、二つの土器は、寄合世帯の纒向ならではの土器といっていい。

そして庄内式土器は、奈良盆地のみならず、大阪府の東大阪市、八尾《やお》市付近に集中して分布しているが、驚くべきことに、北部九州にも、集中地帯がある。ちなみに、北部九州にもち込まれた庄内式土器は、瀬戸内海東部の播磨《はりま》（兵庫県）でつくられた土器であった可能性が高いとされている。

この北部九州における庄内式土器の分布圏と、纒向型前方後円墳《ぜんぽうこうえんふん》の分布圏が重なっているところから、三世紀の前半、畿内と北部九州の間に交流があって、しかも、畿内で芽生えた新たな文化が、一気に北部九州に流入していたことが明らかになっている。

もっとも北部九州といっても、くまなく分布しているわけではなく、その広がりには、ひとつの特徴があって、それは、博多湾周辺から南に向かい、筑紫《つくし》平野の甘木《あまぎ》付近、すなわち筑後《ちくご》川の北側の一帯に展開しているのである。

つまり、邪馬台国の時代、畿内と北部九州の間には、敵対関係はなく、交流を高めようという気運が高まっていたことが明らかとなっている。

そして次に興味深いのは、布留式土器（土師器《はじき》）で、この土器の出現によって、各地域ばらばらだった土器の様式が、斉一化《せいいつか》されたのである。

もうひとつ問題なのは、庄内式土器から布留式土器に移行する段階で、纒向遺跡の規模が、一気に倍以上になっている、ということなのである。

庄内式から布留式への移行時期を三世紀後半とみる大和岩雄《おおわいわお》氏は、はじめはそれほど大きくなかった「纒向」が、西暦二五〇年頃から大集落の造営、移行期に入り、二七〇年頃、ようするに布留式土器が出現した頃、巨大な遺跡に化けたことに注目し、このような纒向にまつわる発掘データから、ひとつの結論を導き出した。

すなわち、纒向の発展の理由は、北部九州にあった女王の都（邪馬台国）が、纒向に移ったからであり、卑弥呼《ひみこ》の宗女《そうじょ》・台与《とよ》が北部九州からヤマトに移り住み、王として君臨したのだろう、としている(『新邪馬台国論』大和書房)。

大和氏は、台与が西(北部九州)から東(ヤマト)に移ったというが、私見は、まったく逆を考えている。つまり、台与はヤマトから北部九州に向かった、ということである。その理由は、大分県日田《ひた》市に、ヤマトの纒向とそっくりな、小迫辻原《おざこつじばる》遺跡が存在するからである。

ヤマトの纒向遺跡のあり方と似ている小迫辻原遺跡

北部九州の防衛上の最大のネックが日田市であることはすでに触れたが、その日田市を見下ろすかのような高台に、小迫辻原遺跡がある。

この遺跡の特徴は、なんといっても、発展の仕方と遺跡のあり方そのものが、ヤマトの纒向にそっくりだったことである。

すなわち、小迫辻原遺跡は、それ以前にはこの一帯にはなかった政治と宗教の計画的な拠点であった。しかも、畿内と山陰地方の土器が流入し、庄内式期から布留式期に移行するとき、遺跡は画期を迎え、発展しているのである。

筑紫平野に広がった纒向型前方後円墳といい、日田の小迫辻原遺跡といい、北部九州がヤマトに都を移したと考えるより、ヤマトの勢力が北部九州を武力によって圧倒したのが「纒向＝小迫辻原遺跡」の時代だったと考えた方が、自然なのである。

◇西から東ではなく東から西に行った神功皇后

ヤマト建国の時代の様相は、考古学によってかなり克明に再現されるようになった。ヤマトに誕生した前方後円型墳墓や庄内式《しょうないしき》土器は、いち早く北部九州に取り入れられ、また、北部九州の急所である日田の盆地が、ヤマトによって抑えられていたわけである。

このような事実は、これまで信じられてきた西から東へ、九州からヤマトへ、という流れに逆行しているから、何が起きていたのか、だれも説明できなかったのである。だが、弥生時代後期は北部九州の凋落《ちょうらく》の時代であり、その延長線上に「ヤマト」の時代がやって来たと考えれば、謎は消えるのである。そして、その新たな潮流を築き上げたのが、吉備《きび》であり、出雲であったろう。

実をいうと、『日本書紀』のなかに、この三世紀の西日本の動きを、そのまま歴史にして残してあるのではないかと思えるくだりがある。それが、神功皇后《じんぐう》の伝説なのである。

神功皇后は、第十四代仲哀《ちゅうあい》天皇の皇后で、夫の死後、男装して新羅《しらぎ》に攻め込んだという伝説の人物である。

『日本書紀』（神功皇后摂政紀《せっしょうき》）は、神功皇后の時代に、『魏志《ぎし》』倭人伝《わじんでん》の邪馬《やま》台国《たいこく》記事を引用している。すなわち、八世紀の朝廷は、神功皇后こそが邪馬台国の女王だったとしているわけで、それにもかかわらず通説がこれを無視しているところに問題がある。

なぜ神功皇后は相手にされないのだろう。

通説は次のように考える。すなわち、『日本書紀』の編者は、二～三世紀の歴史をほとんど把握しておらず、だから、困った挙《あ》げ句《く》、『魏志』倭人伝の記事を、神功皇后の時代にはめ込むことで、お茶を濁《にご》したのではないか、というのだ。

また、七世紀にしばしば誕生した女帝をモデルにして、神功皇后という虚像が創作されたにすぎない、というのである。

だが、これでは、『日本書紀』の仕掛けたカラクリを見破ることはできない。『日本書紀』の編者は、卑弥呼《ひみこ》や台与《とよ》の正体とヤマトとの関係を知っていたからこそ、神功皇后という女傑を用意し、あたかも邪馬台国の女王であるかのように記したと考えられる。

なぜそのようなことがいえるかというと、『日本書紀』の神功皇后を追っていくと、たんなる「創作された虚像」とは思えなくなってくるからだ。この女人《にょにん》は、『日本書紀』の用意した「謎かけ」であり、後世の人間に対する挑戦ではないかと思えるのである。たとえば、神功皇后の行動は、最初から実に怪しい。

そこで以下、しばらく『日本書紀』が描いた神功皇后の足取りを追ってみよう。

神功皇后は九州の熊襲《くまそ》（隼人《はやと》）が朝貢《ちょうこう》を怠ったという報告を受け、現地に向かうのだが、このとき神功皇后は、越《こし》の角鹿《つぬが》（敦賀《つるが》）の笥飯宮《けひのみや》にいたという。

仲哀《ちゅうあい》天皇二年の二月、仲哀天皇と神功皇后は、揃って北陸に行宮《あんぐう》をつくり、滞在していたのだという。三月に天皇はひとり南海道（紀伊半島から淡路、四国方面）に行幸していた。ちょうどそのとき、熊襲が背いたので、仲哀天皇は和歌山市付近から瀬戸内海を西に向かった。かたや神功皇后は、越から西に向かい、若狭《わかさ》を経て、豊浦津《とゆらのつ》（山口県下関市）に着いた。かねてより、この地で天皇と落ち合う手はずになっていたのだ。そして神功皇后は、海中で如意珠《にょいのたま》（本来は仏教用語で、仏舎利《ぶつしゃり》のなかの珠だが、ここでは、海神《わたつみ》の神宝のニュアンスがある）を手に入れ、穴門豊浦宮《あなとのとゆらのみや》を建てたという。

まずここで不可解なのは、越にわざわざ行宮を建て、その地に神功皇后だけがとどまったこと、そして熊襲の征討に、なぜ皇后が従軍したのか、ということである。遠征に従軍するくらいならば、仲哀天皇の南海道行幸にも同行すべきではなかったか。

また、緊急事態であるならば、身の安全を考えて、皇后はヤマトに戻るのが普通であろう。それどころか、神功皇后は積極的に参陣している。これはいったいなんだろう。

◆神功皇后の足跡と重なる北部九州の纏向型前方後円墳の分布

ここで注目しておきたいのは、神功皇后《じんぐう》の越《こし》から穴門《あなと》への行路である。

神功皇后は「海」と密接なつながりをもつ人物として名高いが、越から穴門へは、日本海沿岸を船で向かったことは間違いない。そして、その行程は、四隅突《よすみとつ》出型墳丘墓《しゅつがたふんきゅうぼ》の分布域をほぼなぞっている。これは果たして偶然なのであろうか。そうではあるまい。

神功皇后が豊浦津の海中で如意珠《にょいのたま》を拾うが、日本固有の神宝・ヒスイもまた、水中から採取する代物だ。そして、ここが大切なのだが、そのヒスイの産地は、「越《こし》」であり、その「越」からやって来たのが神功皇后だった。そして、ヒスイは「海神《わたつみ》」の神宝であり、神功皇后が多くの伝承のなかで、海神とつながっていたことは、実に暗示的である。

さらに、関門海峡《かんもんかいきょう》を越えた神功皇后一行に、北部九州の沿岸地帯の首長たちが、次々に恭順してきたと説話はつづける。ヤマトの纏向《まきむく》に巨大な都市が出現してから、北部九州に纏向型前方後円墳《ぜんぽうこうえんふん》が広がっていったが、神功皇后のもとに集まる首長たちの住処《すみか》は、まさに、その分布地域とほぼ重なってくる。

つまり、これまでまったくの架空の人物と思われてきた神功皇后だが、実際には、三世紀前後の西日本の勢力圏を象徴的に表わしていた女人《にょにん》であった疑いが出てくるのである。

ヤマト建国の黎明《れいめい》期、山陰と畿内が北部九州に働きかけ、北部九州がこれに応じ、しだいに両者がつながっていく様が、神功皇后の物語のなかで再現されているのではないかと思えてならないのである。

そこで次の二つの点に注目してみたい。

第一は、宗像《むなかた》大社の伝承中で、神功皇后の妹の名が豊比売《とよひめ》であったとするなど、多くの場面で、神功皇后が「トヨ」の名をもつ女人とかかわりを深めていること、そして、その「トヨ」は、海神（の娘）の要素をもっているということ、さらには神功皇后が神に仕え、神託《しんたく》を受ける「巫女《みこ》」として活躍している点である。

神功皇后は、いわば海神に仕える「トヨの巫女」なのである。

第二は、神功皇后は熊襲《くまそ》征伐を目的に北部九州に赴いたと『日本書紀』は記すが、実際の目論見《もくろみ》は別のところにあったとしか思えない点である。

仲哀《ちゅうあい》天皇と神功皇后は、北部九州の橿日宮《かしひのみや》（福岡市香椎《かしい》）にまず拠点を設ける。ここで仲哀天皇が変死すると（このあたりの事情はふたたび触れる）、神功皇后はここから南進する。

福岡県甘木《あまぎ》市付近に進出した神功皇后は、一気に筑後《ちくご》川を渡り、「山門県《やまとのあがた》に至りて、則《すなは》ち土蜘蛛《つちぐも》田油津媛《たぶらつひめ》を誅《つみな》ふ」すなわち、山門《やまと》郡に侵攻した神功皇后は、この地の土蜘蛛（まつろわぬもの）の女首長・田油津媛を討ち滅ぼした、というのである。

この征討《せいとう》を終えた神功皇后は、橿日宮に舞い戻り、今度は新羅《しらぎ》に向けて軍を進めたのである。

◆ヤマトのトヨによる山門のヒミコ殺し

どう考えても、山門《やまと》征討が、この遠征の最終目的であった可能性が高い。そしてその「山門」とは、邪馬台国北部九州説の最有力候補地であり、その地の「女首長」を「トヨの巫女《みこ》＝神功《じんぐう》皇后」が攻め滅ぼした、というのが、神功皇后伝説の骨子《こつし》だったのである。

とするならば、神功皇后の熊襲《くまそ》征伐とは、とどのつまり、「ヤマト（大和《やまと》）のトヨ」の「邪馬台国（山門《やまと》）のヒミコ」殺しではなかったか。

つまり、こういうことだ。

弥生時代、北部九州は鉄を独占し、力を蓄えた。ところが、後期になると、「出雲（山陰地方）」の勃興によって、しだいにかげりを見せはじめた。出雲は越《こし》の地域との交流を深め、吉備《きび》勢力と連帯しつつ、「纒向《まきむく》」建設に邁進《まいしん》し、さらには、しだいに北部九州との絆《きずな》を強めようとしたのだろう。

この間、北部九州は、本州島の隆盛に便乗しようとする者、逆に対抗しようとする者と、いくつもの思惑《おもわく》が交錯《こうさく》したに違いない。そして、対抗しようとする者たちは高良《こうら》山からその南方に広がる「山岳地帯」を根城に、筑後《ちくご》川と筑紫《つくし》平野を支配し、さらには魏《ぎ》を味方に引き入れることで、ヤマトを牽制《けんせい》したに違いない。神事に秀でた巫女・ヒミコを共立することで、結束を固めようとしたのだろう。

だが、ヤマトの差し向けた海の巫女・トヨの神通力にはかなわなかった。一気に攻め滅ぼされ、ヒミコは殺され、「親魏倭王《しんぎわおう》」の称号は乗っ取られた、ということだろう。そして、『魏志《ぎし》』倭人伝《わじんでん》には、卑弥呼ではなく、台与《とよ》が魏にヒスイの勾玉《まがたま》を献上していたとあるが、これは、台与がヒスイの産地・越とかかわりのある巫女だったからだろう。すなわち、越から北部九州にやって来た神功皇后と台与は、同一人物である。

このような推理は、これまで多くの拙著のなかで繰り返し述べてきたので、深入りはしない。ただ今回、ここで強調しておきたいことが二つある。

ひとつは、神功皇后がヤマトから北部九州に遣わされたトヨであるとするならば、纏向と小迫辻原《おざこつじばる》遺跡で起きた、「布留式期《ふるしきき》の画期」が、まさにヤマトによる邪馬台国制圧の後のこととなり、なぜこの時期、ヤマトは発展したのか、その意味がはっきりとしてくる、ということである。

そしてもうひとつ大切なことは、「山門《やまと》の女首長（ヒミコ）を倒した神功皇后（台与）」が、「越から出雲を通り北部九州にやって来た」という『日本書紀』の記述である。

あらためて確認しておくが、神功皇后の通過したルートは、弥生時代後期に出雲から広がった「四隅突出型墳丘墓文化圏《よすみとつしゅつがたふんきゅうぼ》」にほかならない。要するに、神功皇后こそが、弥生時代後期からヤマト建国の直後に至る出雲の行動を象徴的に表わしている女人《にょにん》だったのではなかったか。

もちろん、神功皇后と邪馬台国では、時代がまったく噛み合わないというのが常識となっている。神功皇后の夫・仲哀天皇は第十四代で、実在したヤマトの初代天皇と目される崇神《すじん》天皇は、第十代だからだ。したがって、神功皇后の時代は、四世紀末から五世紀の初頭のことであろうとされている。

また、繰り返すが、そもそも神功皇后は、七世紀の実在の女帝（持統《じとう》など）をモデルにして創作され、女帝擁立《ようりつ》の正当性を神話に仮託して構築したというのがこれまでの考え方であった。

しかしそれならば、なぜ神功皇后は『日本書紀』のなかで、即位したとは記されず、六十数年間という信じられない間、摂政《せっしょう》の地位にあったなどという信憑《しんぴょう》性《せい》のない話にしなければならなかったのか、かえって謎は深まるのである。

そうではなく、神功皇后のモデルは実在し、その正体を抹殺《まっさつ》しなければならぬ必要性が八世紀の朝廷にあって、だからこそ、苦し紛《まぎ》れの弁明を施《ほどこ》したと考えるとわかりやすい。

◇スパイラルを形づくる『日本書紀』の記述

では、八世紀の朝廷は、いったい何を隠そうとしていたのか、その答えはのちに触れるとして、ここでひとつ、余談ながら確認しておきたいのは、次のことである。

それは、『日本書紀』や『古事記』の記述は、「時間」の座標軸が、直線的なのではなく、スパイラル（螺旋状《らせんじょう》。ばねの形と思えばわかりやすい）を描きながら、時代をもどったり進んだりしている、ということである。似た事件が何回も繰り返し時代を超えて語られている場合、それらを串刺しにすると、一直線に連なってくることがある。

これをもっと簡単にいってしまえば、『日本書紀』は、ひとつの事件を分解して、何回にも分けて語り継いでいる、ということである。特に、ヤマト建国前後の混沌とした事態と収拾の過程は、神話の時代から、第十五代応神《おうじん》天皇の代にいたるまで、繰り返し繰り返し語られているとしか思えないのである。

このあたりの事情は、テーマからは脱線するが、のちのち大切な意味をもってくるので、その例を、いくつか挙げておきたい。

最もわかりやすい例は、すでに触れた初代神武《じんむ》天皇と第十代崇神《すじん》天皇で、ひとつの王朝に、二人のハックニシラス天皇《すめらみこと》（初めてこの国を治めた天皇）が存在したのは、二人が同一であったからだろう。

神武天皇がヤマトに東征《とうせい》する直前、ヤマトの地には、いずこからともなく物部《もののべ》氏の祖・饒速日命《にぎはやひのみこと》なる人物が舞い降り、土着の首長・長髄彦《ながすねひこ》の妹を娶《めと》り、ヤマトに君臨していたが、この話が、物部氏の伝承『先代旧事本紀《せんだいくじほんぎ》』のなかで、別の話として語られている可能性がある。

それは、饒速日命五世の孫で物部氏の祖の鬱色雄命《うつしこおのみこと》のことだ。この人物は、第八代孝元《こうげん》天皇の時代に大臣《おおおみ》となるが、活目長砂彦《いくめのながさひこ》の妹の芹田真稚姫《せりたのまわかひめ》を娶り、一人子どもを産ませていた、という。

谷川健一《たにがわけんいち》氏は『白鳥伝説』（集英社）のなかで、この一節に登場する活目長砂彦の「活目」は「生駒《いこま》」のことで、生駒山周辺に拠点をもっていた長髄彦を思い浮かべるといい、「物部氏の祖」が長髄彦と見まがう人物の妹を娶ったという話は、饒速日命がヤマトに舞い降り、長髄彦の妹を娶って子を産ませた、という『日本書紀』の話の焼き直しであろう、と推理したのである。

谷川氏の指摘は、無視できない。鬱色雄命は第八代天皇の時代に活躍したとあるが、それはヤマトに初代の崇神天皇が登場する直前のことにあたり、ぴったりと当てはまるからだ。

仲哀《ちゅうあい》天皇の活躍も、神話のなかで「繰り返し」語られている。それは、『日本書紀』神代下第九段（本文）にある。

出雲国譲りの直前のことだ。高天原《たかまのはら》の高皇産霊尊《たかみむすひのみこと》は、出雲に工作員として、天国玉《あまつくにたま》の子・天稚彦《あめわかひこ》を送り込んだ。ところが天稚彦は、顕国玉《うつしくにたま》の娘・下照姫《したてるひめ》を娶り、出雲に同化し、復命しなかった。

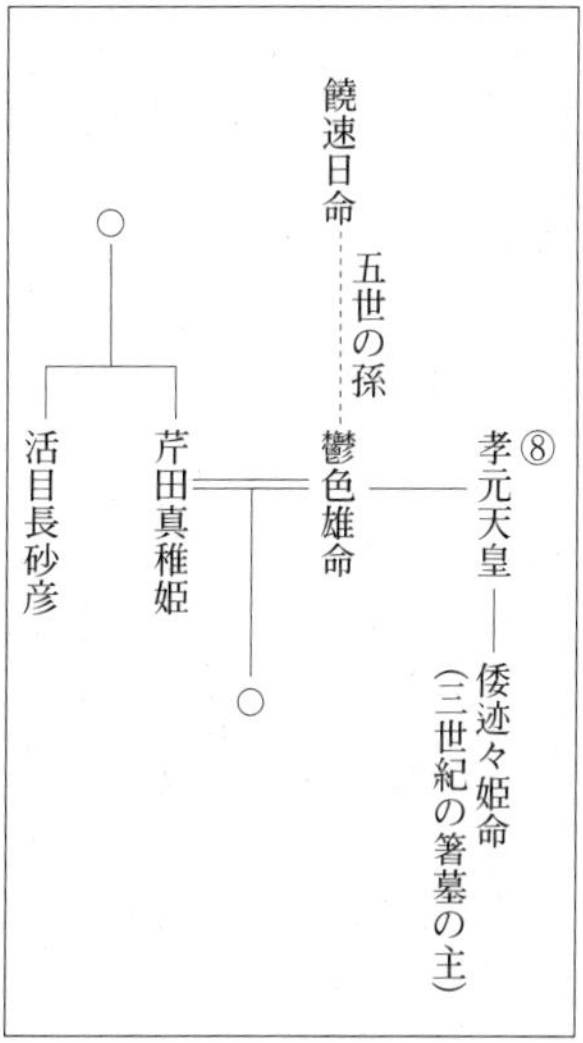

高皇産霊尊は不思議に思って、無名雉《ななしきぎし》を遣わし様子を見にいかせた。ところが天稚彦は、高皇産霊尊からもらい受けた弓矢で、雉を射たのだ。すると、矢は雉の胸を貫き、高皇産

霊尊の目の前に落ちた。矢に見覚えのある高皇産霊尊は、天稚彦が国《くに》つ神《かみ》と交戦しているのだと思い、矢を投げ返した。するとその矢は、天稚彦の胸にあたり、亡くなってしまったのである。

『古事記』の話は、少しニュアンスが違う。高木神《たかぎのかみ》（高皇産霊尊。『古事記』では高御産巣日神《たかみむすびのかみ》）は、飛んできた矢に呪文《じゅもん》をかけている。すなわち「もし天稚彦が国つ神と戦っているのなら、この矢は天稚彦に当たるな。もし天稚彦に邪心《じゃしん》があるならば、死んでしまえ」、そういって矢を投げ下ろしたのである。話のいきさつ上、こちらの方が筋が通っている。天稚彦は、高皇産霊尊の期待を裏切ったから、高皇産霊尊に殺されたのである。

◇天稚彦と仲哀天皇のそっくり度

いっぽう、仲哀《ちゅうあい》天皇の命運もそっくりだ。

仲哀天皇八年九月、天皇は群臣を集めて熊襲《くまそ》征討の軍議を開いていた。そのとき、神功《じんぐう》皇后に神が神託を下していった。

「なぜ熊襲にばかり気をとられるのだ。ここはなにもない空しい国なのだ。兵を挙げて討つまでもない。ここよりも、海の向こうに、宝の国・新羅《しらぎ》がある。もしわたしを祀《まつ》れば、その国は自ずから服従するだろう。すると、熊襲もなびくだろう」

この神託を疑わしく思った仲哀天皇は、高い丘に登って大海原を眺めたが、国らしきものは見あたらない。

「なぜあなたはわたしを欺《あざむ》こうとするのですか。それに、わたしは皇祖神や先祖の天皇、天神地祇《てんじんちぎ》を祀《まつ》っております。まだこれに漏れた神がいるのでしょうか」

というと、神は神功皇后に、また神託を下す。

「あのようにしっかりと見える国を、なぜないといい、わたしを誹《そし》るのだ。お前にあの国は手に入れることはできない。今、皇后は身ごもっている。その御子が国を得ることだろう」

だが、それでも天皇は神の言葉を信じず、熊襲を攻撃し、敗退したのだった。

翌九年の春二月、仲哀天皇は突然発病し、翌日急死した。

『日本書紀』は、「即《すなは》ち知《し》りぬ、神の言《みこと》を用《もち》ゐたまはずして、早《はや》く崩《かむあが》りましぬることを」と記録している。すなわち、神の言葉を信じなかったから、早く亡くなったのだ、というのである。

天稚彦《あめわかひこ》も仲哀天皇も、どちらもそれぞれを導こうとした神に反発し、だからこそ殺されたわけである。そして、天稚彦の妻・下照姫《したでるひめ》は、他の拙著のなかで何回か触れたように、神功皇后と多くの接点をもっているところに問題がある。

下照姫は「鳥の巫女《みこ》」であり、この属性は「羽衣《はごろも》（鳥のイメージ）」を着込んだ女神「豊受大神《とようけのおおかみ》」のそれで、豊受大神はいっぽうで「海神《わたつみ》」と強くつながっていて、結局、豊受大神の「トヨ」は神功皇后の「トヨ」と同一である。

このように、まったく脈絡《みゃくらく》がないと思われてきた天稚彦と仲哀天皇二人の死は、瓜二つの事件なのである。

天稚彦の死後出雲の国譲りがあって、天孫降臨《てんそんこうりん》、そして神武東征と話はつづく。いっぽう、仲哀天皇の死後、神功皇后は山門《やまと》の土蜘蛛《つちぐも》成敗《せいばい》、新羅《しらぎ》征討に成功し、凱旋後、神功皇后の御子・応神《おうじん》がヤマトに向けて軍を進めている。

順番からいって、神武も応神も、天稚彦、仲哀天皇それぞれの死後、九州からヤマトに向かっているが、二つの事件も、瓜二つなのである。

つまり、いくつも似通った事件が『日本書紀』や『古事記』周辺にはあふれていて、それぞれが本来ひとつの事件であったものが、無理矢理いくつもの話に分けられてしまったと考えられる。

とするならば、神功皇后が、実在した初代の本当のヤマトの大王・崇神《すじん》天皇よりも後の人物として『日本書紀』に登場してきたとしても、実際には、ヤマト建国にかかわっていた可能性が、出てくるわけである。

『日本書紀』が『魏志《ぎし》』倭人伝《わじんでん》の記事を引用することで、神功皇后の時代こそが邪馬台国の時代であったとほのめかしたことも、無視できない。

◇『日本書紀』は何を隠してきたのか

『日本書紀』は、同じ事件、同じ人物の話を別の形にすり替え、繰り返し語っていたのだ。では、なぜそのような手の込んだことをしたのかといえば、「隠さなければならない歴史」があったからであろう。

問題は、『日本書紀』が何を隠し、改竄《かいざん》してしまったのか、にある。

これまでのいきさつ上、大きなヒントを、われわれは握っているのである。

それは、ヤマト建国に、出雲が大きくかかわっていた、ということであり、しかもその事実を、『日本書紀』は神話としては認めていたが、「歴史」としては認めていなかったことである。

そしてここで、もうひとつのヒントに気づかされる。いま、神功皇后《じんぐう》は、ヤマトから遣わされたトヨ（台与）ではないかと疑っている。しかも神功皇后は、越《こし》から出雲を経由して北部九州に入ったというのである。とするならば、神功皇后こそ、ヤマト建国時の「出雲」の動きを象徴していたのではないか、ということである。

ただそうなると、ここで新たな謎が生まれる。というのも、『日本書紀』にしたがえば、神功皇后は北部九州に攻め込み、その後反転し、新羅《しらぎ》に向かい、かの地を平定し、北部九州にもどって応神《おうじん》を産み落とし、そこから瀬戸内海を東に向かい政敵を討ち滅ぼし、ヤマトで摂政《せっしょう》となり君臨している。とするならば、神功皇后も「出雲」も歴史の勝者であったことになる。

ところがどうしたことであろう。出雲も神功皇后も、ヤマト建国にたずさわったものどもも、みな祟《たた》って出ているのである。

「出雲」が祟って出ることは、すでに触れた。そして、神功皇后や応神天皇、神《じん》武《む》天皇に崇神《すじん》天皇と、ヤマト建国伝承をもつものたち全員の漢風諡号《しごう》に「神」の名が冠せられ、これが「神のように立派」だったからではなく、「神（鬼）のように恐ろしかったから」であったことは、他の拙著のなかで繰り返し述べてきた（拙著『呪いと祟りの日本古代史』東京書籍）。「神」と「鬼」は同意語であり、古代においてはむしろ「祟る鬼（モノ）」としての意味が強かった。事実、神功皇后は平安時代にいたっても、祟る神と信じられていたのである。

なぜ、「出雲」を筆頭に、ヤマト建国の功労者たちは、後世祟って出ると信じられたのだろう。そして、なぜ『日本書紀』は、彼らの本当の姿を抹殺《まっさつ》し、「祟る理由」を『日本書紀』の記述から消し去ってしまったというのだろう。

いやいや、『日本書紀』は、神話のなかで、「出雲の国譲り」を用意していたではないかと、人はいうかもしれない。たしかに、この話のなかで、出雲神たちは、天《あま》つ神《かみ》たちの強圧的な態度の前に屈し、屈辱的な最期を迎えている。だが、神功皇后の行動と出雲の国譲りが、どこでつながっているというのか。

神功皇后が出雲とかかわりのある人物であるという仮説ならば、祟る出雲と祟る神功皇后のつながりを証明しなければなるまい。だいたい、なぜ歴史の勝者である神功皇后が祟るのだろう。

◇ヤマトに裏切られたトヨ

ヒントがまったくないわけではない。

『日本書紀』にしたがえば、神功《じんぐう》皇后は、筑紫《つくし》平野の甘木《あまぎ》市付近から、久留米《くるめ》市の高良《こうら》山の脇を通り、山門《やまと》郡へなだれ込んだことになる。その後、ヤマトが北部九州を支配するのならば、高良山と日田《ひた》の盆地を押さえる必要があった。

高良山の高良大社の祭神は「豊比咩《とよひめ》」で、高良山の周辺には、豊比咩を祀る神社が密集している。ここにある豊比咩は、『魏志』倭人伝にいうところの邪馬台国のトヨ（台与）であり、実際には、ヒミコの邪馬台国を乗っ取ったヤマトの神功皇后＝トヨであったと考えられる。

つまり、高良のトヨは、神功皇后がこの地に拠点を設けた証《あかし》となろう。北部九州を押さえるには、この高良山と日田の盆地を押さえればいいのである。そして実際に、ヤマトは日田を押さえた。日田の「環濠集落《かんごうしゅうらく》」小迫辻原《おざこつじばる》遺跡は、三世紀に忽然と姿を現わし、そして、庄内式期《しょうないしきき》から布留式期《ふるしきき》に変遷するとき、規模を大きくした。

そして、この遺跡を特徴づける要因は、もうひとつある。

それが、遺跡に残された「焼土と炭化材」である。布留式期段階で、この遺跡は、どうやら燃えてしまったようなのだ。それが、焼き討ちにあったのか、それとも、廃棄されてしまったのか、断言はできない。だが、「ヤマトや瀬戸内海の勢力」が北部九州を支配する上で、必要不可欠な日田の小迫辻原遺跡が、燃えてなくなったことの意味は、けっして小さくはない。

北部九州勢力が一度はヤマトに占領された日田の地を取り戻した、ということも考えられる。

だが、いったん高良山と日田の二つを握られたら、そう簡単に奪還することはできない。そして、一度成功しても、すぐにヤマトの勢力が日田を取り返し、以前にもまして強固な環濠と砦《とりで》を築いていたに違いないのだ。それほど日田の盆地は西に強く東に弱い。それにもかかわらずそれをしていない、ということは、この地をヤマトが必要としなくなったことを示している。

したがって問題は、その、必要としなくなった理由なのである。ヤマトが北部九州を完璧に支配領域に組み込んで、監視する必要がなくなったのか、あるいは、もうひとつ、考えられることがある。それが、邪魔になった神功皇后(トヨ)たちを、ヤマトが裏切った、ということである。

なぜこのような推理が働くのかといえば、神功皇后のまわりには、「裏切り」「妬《ねた》み」、そして「祟り」といった、政争の痕跡《こんせき》が濃厚に見られるからなのである。

まず、神功皇后本人が、『日本書紀』の記述とは裏腹に、敗れ去った女人《によにん》であった疑いが強い。そうでなければ、平安時代に入ってまで、「祟る女」という共通認識は生まれていなかったに違いない。

そこで神功皇后の周辺を洗ってみよう。

仲哀《ちゅうあい》天皇は北部九州で亡くなり、またこの地で応神《おうじん》天皇が誕生するが、ヤマトに残っていた応神の腹違いの兄たちは、応神のヤマト入りを阻止しようと、兵を挙げて待ちかまえていたと、『日本書紀』や『古事記』はいう。

これに対して、神功皇后の一行は、「応神はすでに亡くなられた」と嘘《うそ》をつき、喪船《もふね》を用意して敵の隙《すき》をついて勝利を収めたともいう。神の名がつく神功皇后と応神が、「御子《みこ》は亡くなった」といい、「遺骸（実際には兵士が隠れていたのだが）」を乗せた船を曳航《えいこう》したのは、敵を欺《あざむ》くためであろうが、「祟りの恐ろしさ」を敵に知らしめようという目論見《もくろみ》が裏に隠されている。

『日本書紀』によれば、神功皇后はヤマトに凱旋したが、その後六十九年の間応神の即位を遅らせたという。このような事態は、現実には考えられない。ならば、この長すぎる空位は、亡霊《ぼうれい》の政権を意味しているのではあるまいか。

◆海のトヨは裏切られ祟る

裏切られる女人は、神功皇后だけではない。神功皇后とよく似た女人も、みな、同様の運命をたどっている。たとえば、神功皇后と同一と目される「トヨ」は、いたるところで海神《わたつみ》とつながっているが、「海のトヨ」は、「裏切られ祟《たた》るトヨ」でもあった。その例をいくつか挙げてみよう。

丹後《たんご》半島（丹波《たんば》の比治《ひじ》の里＝京都府中郡）に伝わる「豊受大神《とようけのおおかみ》（トヨ）」の伝承は、次のようなものだ。

比治の真名井《まない》で沐浴《もくよく》中のひとりの天女《てんにょ》から羽衣《はごろも》を奪った老翁《おきな》は、自分には子どもがいないからここに残ってほしい、と懇願する。天女は、仕方なくこの世に残り、老翁の家を豊かにした。ところが老翁は慢心し、天女を放り出してしまったという。天女は恨《うら》みを抱きつつ放浪したが、竹野の郡（京都府京丹後市）の船《ふな》木《き》の里の奈具《なぐ》の村（弥栄《やさか》町船木）に来て、ようやく心はおだやかになったという。そして、この天女こそが、豊受大神だったというのである。

ここは明確に、豊受大神が祟るとは記されていないが、水や海（真名井《まない》）にかかわる神聖な巫女《みこ》（天女）が「ひどい仕打ちにあった」「恨みをもって放浪した」という話は、要するにいずれ祟るであろう恐ろしい女の話である。

恨み、祟るトヨの話は、まだある。それが海幸山幸《うみさちやまさち》神話だ。

兄の海幸彦《うみさちひこ》と弟の山幸彦《やまさちひこ》（ちなみに山幸彦は、皇祖神・天津彦彦火瓊瓊杵尊《あまつひこひこほのににぎのみこと》の子の彦火火出見尊《ひこほほでみのみこと》）はあるとき、互いの幸を交換しようと思い立つ。だが、山幸彦は海で兄の釣り針をなくしてしまう。いくら謝《あやま》っても兄は許してくれない。仕方なく浜辺をさまよっていると、塩土老翁《しおつつのおじ》なる神が現われ、「ご心配なされますな」といい、山幸彦は無目籠《まなしかたま》（目もないほど固く編んだ籠）に乗せられると、海底の海神《わたつみ》の宮に導かれたのだった。

そこで海神の娘・豊玉姫《とよたまひめ》（トヨ）と結ばれるが、三年の後、山幸彦は故郷が恋しくなる。豊玉姫はその気持ちを察し、山幸彦の帰郷を許し、また、兄を懲《こ》らしめる呪術《じゅじゅつ》を授けた。

豊玉姫はこのとき、子どもを孕《はら》んでいることを山幸彦に告げ、海の荒れた日に浜辺に産屋《うぶや》をつくって待っているようにと伝える。そしてその日がやってきた。豊玉姫は「のぞいてはいけない」と戒めて、産屋にはいる。ところが、山幸彦はいいつけを守れず、思わず産屋をそっと開けてみた。すると、豊玉姫は竜になっていたのだった。豊玉姫はひどく恥じ入り、

「もしわたしを辱《はずかし》めなければ、海と陸は長く仲良くお付き合いできましたものを……」

といい、御子《みこ》を草《かや》に包んで海辺に捨て、海に通じる道を塞《ふさ》いで去っていったのだった。

これが海幸山幸神話のあらましである。海の女神・豊玉姫は、子を孕《はら》ませた男をにこやかに故郷に送り帰してやった。それにもかかわらず、男にひどい仕打ちを受けたのである。ここでも、水と海にかかわる女神（巫女）は、恨みを抱き、

祟る神となったのである。

なぜ「水と海にかかわる聖なる巫女・トヨ」は裏切られ、恨み、祟るのだろう。

それは、歴史上の「トヨ」が、裏切られたからではなかったか。

◇ヤマトに裏切られた武内宿禰

神功《じんぐう》皇后が裏切られたのではないかという推理は、神功皇后の側近中の側近でつねに行動をともにしていた武内宿禰《たけのうちのすくね》が「九州にいたとき、ヤマトに裏切られた」と、『日本書紀』に書かれていることからも成り立つ。

応神《おうじん》天皇九年四月のこと、武内宿禰は筑紫《つくし》に派遣され、民情を視察していた。このとき、武内宿禰の弟の甘美内宿禰《うましうちのすくね》が、兄をはめてしまおうと目論《もくろ》み、天皇に讒言《ざんげん》したという。

その内容は次のようなものだ。

「武内宿禰は、常に天下を狙《ねら》う心をもっています。今聞くところによりますと、筑紫にあって、密《ひそ》かにはかりごとをめぐらせているようです。筑紫を割いて三韓《さんかん》

（朝鮮半島の国々）を招き入れて従わせ、ついには天下を乗っ取るでしょう」

　これを聞いた応神天皇は、使者を遣わして、武内宿禰を殺させようとした。

　そのとき、武内宿禰は、

「わたしはもとより二心などなく、忠義をもって君に仕えてきたのだ。なぜ罪なくして殺されなければならないのか」

　と嘆き悲しんだ。

　ここに、武内宿禰とそっくりな壱伎直《いきのあたい》の祖・真根子《まねこ》という者がいて、武内宿禰が罪なくして殺されることを惜しみ、

「大臣《おおおみ》（武内宿禰）に罪はありません。清らかな心は天下に知れ渡っております。願わくは、密《ひそ》かに逃れ、朝廷に赴き、無実であることを訴え出られますように。そのあとで死んでも遅くはないでしょう。人びとは、わたしと大臣がそっくりだといいます。わたしが大臣の身代わりになりましょう。それで大臣は、二心のないことを証明してください」

　といって真根子は剣を抜いて、自尽《じじん》して果ててしまった。

　武内宿禰は大いに悲しみ、また、密かに筑紫を抜け出し、船で南海をたどって

紀水門《きのみなと》（紀伊《きい》の港。ちなみに、応神と武内宿禰は、以前に、このルートでヤマト入りを果たしている）にたどり着き、ヤマトに入ることができたのである。そして、探湯《くかたち》によって、武内宿禰の無実は証明された。武内宿禰は甘美内宿禰を斬り殺そうとしたが、天皇の勅《みことのり》によって、甘美内宿禰は放免された。ただし、紀直《きのあたい》の祖に、隷民《れいみん》として授けられたのである。

この武内宿禰の話には、二つの問題が秘められている。

そのひとつは、話の設定が、ヤマトから遣わされ北部九州に君臨したトヨ（神功皇后）の置かれた状況に、そっくりなことである。

神功皇后は、山門《やまと》を成敗《せいばい》したあと、玄界灘《げんかいなだ》に船を進め、対馬《つしま》海流を乗り切り、朝鮮半島に押し寄せ、新羅《しらぎ》を平伏させたという。

この話をすべて信じるわけにはいかないが、トヨが朝鮮半島の国々との間に強い絆《きずな》をつくっていた、という点に関しては、疑う余地はないのではないか。北部九州の海の民、交易の民は、真っ先にトヨ（神功皇后）に帰参《きさん》していたのだから、彼らの活躍によって、半島への「つて」は、容易に手に入れられたことであろう。

トヨが北部九州で女王として共立されたというところまでは、ヤマトからみて、計算どおりであったかもしれない。「親魏倭王《しんぎわおう》」の称号をもった卑弥呼《ひみこ》を殺したということは、魏を敵に回すことに直結した。しかし、トヨを「卑弥呼の宗《そう》女《じょ》（一族の女人）」という形にすれば、トヨは大威張《いば》りで北部九州に君臨できる。

だが、その後のトヨの「成長」が、しだいにヤマトにとって脅威《きょうい》になっていった可能性は高い。それが、まさに三韓と手を結ぼうとしていた、というヤマト側の猜疑心《さいぎしん》となって、トヨを追いつめ、武内宿禰糾弾《きゅうだん》という話になったのではなかったか。

そして、次の問題は、武内宿禰の弟・甘美内《うましうち》とそっくりな人間がもうひとりいたことなのである。しかもその人物が、「出雲」出身であった可能性が高いのである。

◆歴史から抹殺された物部氏と蘇我氏の本当の関係

ここに登場する武内宿禰《たけのうちのすくね》の弟・甘美内《うましうち》とそっくりな人名が、神武《じんむ》天皇の周辺にいるところに問題が隠されている。

それが物部氏《もののべ》の祖・饒速日命《にぎはやひのみこと》の子・可美真手命《うましまでのみこと》で、『先代旧事本紀《せんだいくじほんぎ》』はこの人物を宇摩志麻治命《うましまぢのみこと》と呼ぶ。ウマシウチとウマシマヂ、二人の名前が似ているのは、果たして偶然なのであろうか。

そしてここに、奇妙な図式に気づかされる。それは何かというと、ウマシウチに裏切られた武内宿禰を、『古事記』は蘇我《そが》氏の祖とする。かたや、ウマシウチにそっくりなウマシマヂは、物部氏の祖である。

よく知られるように、七世紀、武内宿禰の末裔《まつえい》・蘇我馬子《そがのうまこ》とウマシマヂの末裔・物部守屋《もののべのもりや》は、仏教導入をめぐって騒動を引き起こし、結局、蘇我馬子は物部守屋を滅亡に追い込んでしまう。当然、蘇我氏と物部氏は犬猿の仲と信じられている。

だが実際には、蘇我氏と物部氏の間には、知られざる深いつながりが隠されていたようなのだ。

まずここで指摘しておきたいのは、七世紀、蘇我氏と物部氏は仏教導入をめぐるいさかいで対立したと『日本書紀』には記されているが、これが、両氏族の全面戦争であったかというと、実に怪しい、ということである。

なぜそのようなことがいえるのかというと、物部系の伝承『先代旧事本紀』は、蘇我氏に滅ぼされた物部守屋が、物部の傍流《ぼうりゅう》であったこと、物部主流派はむしろ蘇我氏と仲がよかったことを伝えている。これが、「被害者側」の証言であるところに大きな意味がある。

どうやら、『日本書紀』の示した蘇我氏と物部氏の関係は、「誇張」であり、実際には、両者は良好な関係を維持していた可能性が高い。とするならば、なぜ『日本書紀』は、蘇我氏と物部氏の仲の悪さを強調しなければならなかったのだろう。

ここで興味をひかれるのは、蘇我氏と物部氏、どちらも「出雲」との間に接点をもっていることである。

まずは蘇我氏から見てみよう。

七世紀の蘇我氏は、「方墳《ほうふん》」という埋葬《まいそう》文化を選択し、しかも蘇我氏だけの特権としていたが、実をいうと、この時代、蘇我氏以外でただひとつの例外は出雲《いずも》国造家《こくそうけ》だった。

もっともこれは中央からの見方であって、出雲で継承されてきた前方後方墳《ぜんぽうこうほうふん》、方墳、というへそ曲がりの埋葬文化を、蘇我氏が取り入れた、という言い方のほうが正確なのかもしれない。

ではなぜ蘇我氏は、当時朝堂《ちょうどう》の頂点に立っていたにもかかわらず、へそ曲がりの埋葬文化を採用していたのだろう。

出雲大社の真裏には出雲神・素戔嗚尊《すさのおのみこと》を祀《まつ》る摂社《せつしゃ》があって、これを「ソガ社(素鵞《そが》社)」と呼ぶ。「ソガ」は素戔嗚尊の最初の宮・須賀《すが》が訛《なま》ったものと考えられる。蘇我は宗我とも書くが、これは「スガ」とも読める。

門脇禎二《かどわきていじ》氏は、出雲周辺に「スガ」「ソガ」「アスカ」という、蘇我氏を暗示する地名が散見できることから、六世紀から七世紀にかけての蘇我氏全盛期に、出雲にヤマト朝廷の進出があったと指摘している(『出雲の古代史』NHKブックス)。

だが、これは、逆ではないか。すなわち、蘇我はヤマトから出雲に行ったのではなく、太古の昔「出雲からヤマトにやって来た」のではなかったか。

蘇我同族の葛城《かつらぎ》氏はヤマト盆地の西南の隅の葛城山系付近に拠点をもってい

たが、彼らの祀る葛城山の神は、一言主神《ひとことぬしのかみ》で、これは、出雲神・事代主神《ことしろぬしのかみ》（言《こと》代主神《しろぬしのかみ》）と同一であった疑いが強い。

蘇我氏や葛城氏の祖・武内宿禰には、神託を聞き取り、人びとに伝えるという属性があったが、それは、言代主神と同一である。言代主神が出雲の国譲りの最終決断を口にしたのは、それが、「神の言葉」そのものだからである。神の代弁者だから、言代主神と呼ばれたのである。

葛城山の神を祀る葛城一言主神社

蘇我氏の全盛期、ヤマト朝廷の中心は、飛鳥《あすか》に置かれたが、この飛鳥が、出雲神を祀る地であったことは無視できない。蘇我氏は仏教のみを信仰していたかのような印象があるが、出雲神を祀《まつ》り、また、縄文《じょうもん》以来の日本人の神宝・ヒスイを独占的に生産していった。蘇我氏の滅亡とともに、ヒスイが軽視されていったのは、偶然ではない。

藤原《ふじわら》氏は、蘇我氏を滅ぼすことで天下を掌握したが、藤原氏が『日本書紀』を編纂《へんさん》した最大の目的は、このような蘇我氏のありかたを抹殺《まっさつ》するためだった。すなわち、蘇我氏の素性《すじょう》は、語ることができないほど正統なものであったと考えられる。その正統なものとは、要するに、ヤマト建国に貢献した出雲の末裔、ということである。

またいっぽうで、藤原氏は、武内宿禰に憧憬《どうけい》の念を禁じ得なかった。自らを「武内宿禰になぞらえた」ことさえある。藤原氏は、蘇我氏を悪玉に描くことで七世紀の蘇我氏の善政の手柄をすべて横取りしただけではなく、『日本書紀』のなかで、武内宿禰と蘇我氏の系譜のつながりを断ち切ったのである。

◇関門海峡の両側に陣取った物部氏

このような出雲と蘇我《そが》氏のつながりは、そのまま物部《もののべ》氏と出雲のつながりでもある。

神武東征《じんむとうせい》以前、物部氏の祖・饒速日命《にぎはやひのみこと》がいずこからともなくヤマトにやって来たのに、『日本書紀』はその故地《こち》がどこであったのか、明記していない。

一般に物部氏は北部九州出身で、神武《じんむ》の東進以前に、先遣《せんけん》隊のような形で移ってきたのではないか、とされている。北部九州には、たしかに物部氏の痕跡《こんせき》があちらこちらに見られるからである。

だが、何でもかんでも北部九州から東に向かったという考えは、もはや通用しない。考古学は、弥生後期から三世紀にかけて、山陰や畿内《きない》の文物が、しだいに北部九州に流れ込んでいった様を突き止めている。北部九州の相対的な地盤沈下によって、かつての「西から東」という流れが、逆転しているのである。

ならば、物部氏が北部九州からやって来たという決めつけは問題である。

そのいっぽうで、物部氏と出雲の間には、いくつもの接点がある。

原田常治《はらだつねじ》氏は『古代日本正史』(同志社)のなかで、神社伝承から、ヤマトの三輪山で祀《まつ》られる出雲神・大物主神《おおものぬしのかみ》と物部氏の祖・饒速日命《にぎはやひのみこと》が同一と推理した。原田氏の推理には飛躍もあり、論証も不十分だが、出雲神・大物主神と物部氏の祖を結びつけた着想は、評価すべきだと思う。両者には、たしかにつながりが見出されるからである。

その例をいくつか挙げておこう。

大物主神の「物」は、「鬼や神」を意味し、大物主神こそが、物のなかの物、神のなかの神ということになるが、物部の「物」も、「鬼や神」であり、この一族はヤマト朝廷の祭祀《さいし》の中心的存在であった。天皇家の祭祀は、物部氏の祭祀形態を踏襲《とうしゅう》していたといわれるほどなのだ。

大物主神は神武よりも先にヤマトに舞い降り、ヤマトを造成した神と讃《たた》えられているが、物部氏の祖・饒速日命《にぎはやひのみこと》も同様に、ヤマトに真っ先に舞い降りている。また出雲神・大物主神は、ヤマトを造成した神と讃えられたが、『先代旧事本紀《せんだいくじほんぎ》』によれば、神武東征後、物部氏は朝廷の多くの祭儀や儀式を整えるなどヤマトの基礎を築いている。

物部氏は関門《かんもん》海峡をはさんだ両側の地域に濃密な分布を見せていることも、出雲との強いつながりなしには考えられない。関門海峡を確保してはじめてヤマト建国の基礎は固まったわけだが、ここにいち早く目をつけたのは「出雲」であったろう。そして物部氏が出雲出身だからこそ、関門海峡を管理していたと考えられる。

◇出雲を追いつめる物部氏の謎

蘇我《そが》氏と物部《もののべ》氏と出雲の関係にこれだけこだわったのは、祟る出雲の謎は、蘇我氏と物部氏と神功《じんぐう》皇后の本当の関係がわからなければ解けないからである。

ただそうはいっても、歴史的に出雲と物部の間には、敵対関係があるのだから、両者が同一だったといい出せば、反論の声が上がるであろう。

それはどういうことかというと、まず第一に、出雲の神宝の検校《けんぎょう》を、物部氏が行なっているということだ。

すでに触れたように、崇神《すじん》天皇六十年に矢田部造《やたべのみやつこ》（物部氏の同族）の祖・武諸隅《たけもろすみ》が出雲に遣わされたとき、出雲振根《いずものふるね》が筑紫《つくし》に行っていて留守だったので、弟の飯入根《いいいりね》は迂闊《うかつ》にも神宝を武諸隅に渡してしまい、兄が激怒した事件があった。これが物部氏による神宝の検校である。

もうひとつ、物部氏は、奇妙な形で出雲とかかわりをもっている。というのも、出雲の西隣、石見《いわみ》（島根県西部）には、物部神社（島根県大田市川合町《おおだしかわい》）があって、主祭神は、物部氏の祖・宇摩志麻治命《うましまぢのみこと》である。

島根県大田市にある物部氏の祖・宇摩志麻治命を祀る物部神社

伝承によれば、宇摩志麻治命は、神武東征の際の功績によって、霊剣・韴霊《ふつのみたま》を賜わったといい、また、天皇のために鎮魂の祭祀を執り行なった（鎮魂祭《たましずめのまつり》の起源）という。

ヤマト建国後、この人物は、尾張《おわり》氏の祖・天香具《あまのかぐ》（語）山命《やまのみこと》と共に、尾張《おわり》、美濃《みの》、越国《こし》を平定、天香具山命は越後の伊夜彦《いやひこ》神社（弥彦《やひこ》神社。新潟県西蒲原《にしかんばら》郡弥彦村）に留まったが、宇摩志麻治命はさらに各地を回り、播磨《はりま》・丹波《たんば》を経由して石見《いわみ》に入ると、鶴に乗って鶴降山《つるぶせん》に舞い降り、国見《くにみ》をし、さらに、物部神社の裏手の八百山《やおやま》がヤマトの天香具山に似ているために、この地に留まったという。それが現在の物部神社になったのである。

物部神社の伝承によれば、宇摩志麻治命の父・饒速日命《にぎはやひのみこと》が、そもそも物部神社のほど近く、三瓶山《さんべさん》出身であったから、宇摩志麻治命はこの地に居を構えたといい、また、一方で物部神社は、出雲族の牽制という目的をもっていたともいう。実際に、石見と出雲は、古くから仲の悪い地域だったことは、つとに名高い（ちなみに、現在にいたっても、お互いを意識している）。

これらの伝承がもし本当なら、物部氏が出雲出身であったとは、にわかには信じがたいように思われる。

それにしても、なぜ「物部」が、出雲を監視するために、石見に居座ったというのであろう。

『先代旧事本紀』によれば、宇摩志麻治命は、神武東征に際し、神武に刃向かった長髄彦《ながすねびこ》を殺し、神武に帰順し、饒速日命から受け継いだ神宝（天璽瑞宝《あまつしるしのみずのたから》）を、天皇に献上したというのである。

さらに、同書には、宇摩志麻治命と大神君《おおみわのきみ》の祖・天日方奇日方命《あめひかたくしひかたのみこと》の二人が神武天皇の時代、のちの大連《おおむらじ》や大臣《おおおみ》に相当する「大夫《まえつきみ》」に任命され、国政に参画したとある。そして、宇摩志麻治命の末裔の物部氏は、ヤマトで政権の中枢にありつづけたと、『先代旧事本紀』は書き連ねている。

このように、どこからみても、宇摩志麻治命は、ヤマト建国の最大の功労者であり、権力の中枢にのぼりつめた人物である。石見への移住は、「逼塞《ひっそく》」「隠遁《いんとん》」であり、そうなる意味が見出せない。

◇出雲の勢力圏を包み込むように楔を打ち込んだ物部氏

だがいっぽうで、物部《もののべ》神社に伝わる宇摩志麻治命《うましまぢのみこと》の行動が、むしろ何かしらの史実を反映しているのではないかと思わせるのは、宇摩志麻治命は、はじめ天香具山命《あまのかぐやまのみこと》とともに行動し、しかも天香具山命が、越後の伊夜彦《いやひこ》神社に留まった、とあるからである。

天香具山命は、『先代旧事本紀《せんだいくじほんぎ》』によれば、物部同族で、しかも、尾張氏の祖にあたる。

その天香具山命がヤマト建国の直後、伊夜彦神社に向かったという伝承は、無視できない。なぜなら、宇摩志麻治命の物部神社と天香具山命の伊夜彦神社の位置は、ちょうど弥生時代後期、四隅突出型墳丘墓《よすみとっしゅつがたふんきゅうぼ》が広がっていった「出雲の勢力圏」を両側から挟《はさ》み込むような形になっているからである。宇摩志麻治命がここにやって来たのは、「出雲を監視するため」と物部神社の伝承にあるのと通じている。

さらに、天香具山命とかかわる「イヤヒコ神社」が新潟のほかにもうひとつあって、やはりあたかも「出雲」を監視するかのような場所で祀《まつ》られている。それが、長野県上伊那《かみいな》郡辰野《たつの》町小野《おの》の矢彦《やひこ》神社である。伝承によれば、出雲の国譲り神話で、最後まで天《あま》つ神《かみ》に抵抗した建御名方神《たけみなかたのかみ》が諏訪《すわ》に逃れたとき、土着の洩《もり》矢神《やのかみ》がいてなかなか入れなかったので、この地にしばらく逗留《とうりゅう》していたのだという。

だが、この矢彦神社の位置が、諏訪神社（祭神＝建御名方神）の喉元《のどもと》に刀を突きつけたような場所に位置しているのは、果たして偶然なのだろうか。しかも、尾張氏とかかわりのある「ヤヒコ」の名を負っているのはなぜだろう。

出雲の国譲りに敗れた出雲神（要するに出雲勢力である）は、結局監視される立場に置かれた、ということであろう。

このように、ヤマト建国後の「物部氏」と「出雲」は、支配し支配される者、あるいは、監視し、監視される者の関係のように見受けられる。とすれば、物部氏が出雲出身などということは、あり得ないのだろうか。

こういうことではないだろうか。

物部氏は「出雲」出身であった。けれども神話にいうところの「出雲」は、旧国名の出雲だけではなく、ヤマト建国前後に活躍したその他の地域を束ねた「方便」であって、纒向に集まった他の地域すべてを「出雲」と呼び、『日本書紀』は歴史を闇に葬ったのではなかったか。

それでは物部氏はどの出雲かといえば、それは、ヤマト建国のもうひとつの雄、吉備ではないかと拙著『物部氏の正体』（東京書籍）の中で指摘しておいた。

つまり、日本海を地盤に持つ、武内宿禰や神功皇后《じんぐう》（トヨ）たちは、ヤマトを離れ、北部九州の地で強大になりすぎたがために、瀬戸内海側の吉備を中心とするヤマトに疎《うと》まれたということなのだろう。こうして、邪馬台国《やまたいこく》の卑弥呼《ひみこ》の親魏《しんぎ》倭王《わおう》の称号を獲得しに行ったであろう神功皇后（トヨ）は、まるでミイラ取りがミイラになるように、ヤマトから討たれる相手になってしまったに違いない。

神功皇后一行が、高良山《こうら》からヤマトの兵に追われ、敗走したとすれば、逃れ落ちる先はほぼ想定できる。筑後川《ちくご》を一気に下り、船を漕ぎ出せば、有明海《ありあけかい》に出る。そこからヤマトとは逆方向に行けば、南部九州となる。

つまり、天孫降臨《てんそんこうりん》の舞台が南部九州で、皇祖神《こうそしん》が日向《ひむか》の高千穂峰に降臨後、最初に向かったのが、野間岬《のまみさき》（鹿児島県薩摩《さつま》半島）だったのは、すなわち、トヨの逃亡劇こそが、天孫降臨だったと解釈すれば、矛盾《むじゅん》はなくなる。

こうして神功皇后（トヨ）らは、かの地に埋没していき、ヤマトを呪ったに違いないのだ。

そしてひとつ付け加えておくならば、出雲の国譲りとは、すなわちヤマトの内部分裂にほかならないということだ。そう考えれば、記紀神話が、いかに皮肉なストーリー展開で成り立っていたかがわかる。

◆三輪山の日向御子という謎

それでは、南部九州の日向《ひむか》の地で、神功《じんぐう》皇后らはヤマトを呪《のろ》ったまま、埋没していったのだろうか。

いや、そうではあるまい。拙著『神武東征の謎』（ＰＨＰ研究所）のなかで述べたように、神功皇后の「御子《みこ》」が、ヤマトに求められ、即位していた疑いが強いのである。その話が、神武東征や応神《おうじん》の東征譚《たん》になったと考えられる。

なぜこのようなことがいえるのかというと、崇神《すじん》天皇の時代の「崇る出雲神・大物主神《おおものぬしのかみ》」と、大物主神の忘れ去られた御子・大田田根子《おおたたねこ》の話が、このあたりのいきさつを、明らかにしているからだ。

さて、崇神天皇は天変地異《てんぺんちい》と疫病《えきびょう》の蔓延《まんえん》に辟易《へきえき》したが、大物主神が次のような神託《しんたく》を下した。我が子・大田田根子を探し出し、自分を祀らせれば、世は平穏を取り戻すだろう、というのである。そこで神託どおりに事を運ぶと、本当に、世の中はおだやかになったのだという。

大田田根子が問題で、この人物は大物主神の祟りを抑えるために茅渟県《ちぬのあがた》（大阪府堺《さかい》市東南部）からヤマトに呼ばれたはずなのに、三輪《みわ》山麓の大神《おおみわ》神社では、摂社《せつしゃ》の若宮《わかみや》（大直禰子《おおたたねこ》神社）で祀られている。

若宮の「若」は「若い、幼い」の意味で、古くは「若い」は、「祟る」と同義であった。「童子」が荒々しい力をもった「鬼」と目されていたからで、当然のことながら、「若宮」は、祟る神を祀っている。これは大神神社だけではなく、日本各地の「若宮」でも同様である。

大物主神の祟りを抑えにきたはずの大田田根子が、祟る神として祀られているのはなぜだろう。これは大きな矛盾である。

しかし、ヒントは、意外なところにある。

三輪山の山頂には、高宮《こうのみや》神社があって、ここの祭神の名が興味深い。それは、日向御子《ひむかのみこ》というのである。この高宮神社は、麓《ふもと》の大神神社の南側にも祀られ、神坐日向《みわにますひむかい》神社といい、通称「御子森《みこのもり》」ともいう。要するに、ここは、日向の御子の森、ということになる。

江戸時代から、この祭神の名は不思議がられた。「日向」といえば、普通九州東南、宮崎県付近を指すからである。なぜ三輪山に日向なのか。

本居宣長《もとおりのりなが》は、「日向」は、「東＝ヒ（日）＋ムカ（向）＋シ」であり、東を向いて太陽を遥拝《ようはい》する、という意味があるとするが、なぜ「日向」に「御子」がつけられるのか、その説明になっていない。

いっぽう、大田田根子を海人の祀る太陽神ではないかとする説がある。出雲神そのものが、海と密接にかかわりをもっていたのだから、むしろ、これは当然のことなのかもしれない。

さらに、大和岩雄《おおわいわお》氏は、大田田根子と日向御子を同一と推理している。『先代旧事本紀《せんだいくじほんぎ》』に、出雲神・事代主神の子に天日方奇日方命《あめひかたくしひかたのみこと》がいて、その末裔が大田田根子とあるが、『古事記』に出てくる大物主神の子、櫛《くし》御方命《みかたのみこと》の「櫛御方」が、「奇日方」そのもので、両者は同一であろう、とする。その上で、大物主神から生まれた最初の子、という共通点から、天日方奇日方命と大田田根子を同一と考える。

また、日向御子も、「第一王子」という伝承が残されているところから、大田田根子と本来同一だったのではないかと推理した。「大田田」や「太田」は、日《ひ》神祭祀《かみさいし》にかかわる者で、彼らは「日に向かう者」なのだからである。

また、三輪山が日本（ひのもと）と日向を両有していることは、大物主神と大田田根子の関係と対応する、とした。そして、大物主神が人として顕現《けんげん》したのが日向御子であり、この御子が、大物主神を祀る側に回ったのだとする。

さらに、大物主神の御子で名高いのは大田田根子で、太陽神を祀《まつ》るに際し、日に向かうのだから、日向御子は、大田田根子をさしているにほかならない、というのである（『日本の神々4　大和』谷川健一編　白水社）。

◆祟る出雲の正体

三輪《みわ》山の大田田根子《おおたたねこ》と「日向《ひむか》」は難問である。特に、本来ならば、地名の日向（九州南部）説も出ていいはずなのに、それがまったくないのは、『日本書紀』や『古事記』を読む限り、三輪山と日向の間に、接点らしい接点がないからである。逆に、三輪山と太陽信仰は近年注目されているのだから、「日向＝太陽に向かう」という発想につながるのは、仕方のないことであった。

しかし、三輪山と九州の日向は、本当に無関係であろうか。日向御子は、日向の御子、日向からやって来た御子、日向に忘れ去られていた御子であってはいけないのだろうか。

大田田根子は、「忘れ去られた大切な御子」であった。その御子は、崇神《すじん》天皇の時代、ヤマトのすぐ近くで見つかったと『日本書紀』はいうが、実際は、ヤマト建国時、忘れ去られた御子が九州の日向から連れて来られていて、それが、神《じん》武東征《むとうせい》の本当の意味だったと考えれば、すべての謎が氷解《ひょうかい》する。

つまり、こういうことだ。北部九州に攻め入り、新たな政権を獲得した神功《じんぐう》皇后（トヨ）や武内宿禰《たけのうちのすくね》であったが、九州の地で強大になりすぎたことが、かえって仇《あだ》となった。

宗家《そうけ》であるヤマトにとって、邪魔になったのであろう。結局、神功皇后はヤマトの軍勢に攻められ、北部九州を追われたに違いない。そして逃げ落ちたのが、南部九州の日向であったとすれば、荒唐無稽《こうとうむけい》と思われた天孫降臨《てんそんこうりん》神話の裏側を読み解くことができる。そしてトヨがヤマトを恨んで死んでいったとすれば、のちにトヨの祟りにヤマトが震え上がり（これが、第十代崇神《すじん》天皇の時代のヤマトで起きた天変地異と、疫病の流行であろう）、その祟りを鎮めるために、「日向の御子＝トヨの子＝神武天皇」をヤマトに連れてきた理由がはっきりとする。

ちなみに、中国では、寒冷な気候によって後漢《ごかん》が滅びたが、日本では少し遅れて、ヤマト朝廷の誕生した頃になって「古墳寒冷期」に突入していた。したがって、崇神天皇の時代に天変地異がつづいたことは絵空事《えそらごと》ではなく事実であり、とすれば、人びとがこれを、トヨの祟りと信じ込んだ可能性は、非常に高いのである。

このように、蘇我氏と物部氏の祖がともにヤマト建国に尽力したこと、さらには、ヤマト建国のその瞬間、両者は袂《たもと》を分かち、争っていたこと、そして、「忘れ去られた日向の御子」をヤマトに呼び出し、王に擁立《ようりつ》することで、ようやく「手打ち」を行なったと考えることで、考古学の指摘する弥生時代後期からヤマト建国に至る歴史は、矛盾《むじゅん》なく説明可能となるのであり、祟る出雲の謎にも、大きなヒントが得られたことになるのである。

第五章　明かされた真実

◆神社伝承から明かす大国主神の正体

ヤマト建国の功労者で、歴史の勝者であったはずの「出雲」が、なぜ歴史から抹殺《まっさつ》されたのか、なぜ祟《たた》るものと考えられていたのか……。この謎《なぞ》は、「トヨ」というキーワードで解き明かせたように思う。

しかし、これで出雲の謎のすべてが解き明かせたわけではない。最後に、出雲最大の謎が横たわっている。それが「大国主神《おおくにぬしのかみ》（大己貴命《おおなむちのみこと》）」なのである。

大国主神といえば、稲羽《いなば》の素兎《しろうさぎ》や出雲の国譲りに登場する神として知られる。いわば、出雲神話の顔といえよう。そして、中世にいたると、大国主神は仏教の「大黒天、大黒様（大国＝大黒の語呂《ごろ》合《あ》わせ）」と習合《しゅうごう》し、民間信仰のなかにとけ込んでいった。

だが、そもそも、出雲の神としての大国主神の正体が定かではない。

『日本書紀』は大国主神の和魂《にぎみたま》が大物主神《おおものぬしのかみ》としている。したがって、大国主神の分身が、ヤマトの三輪山《みわやま》に祀《まつ》られていることになる。だが、その三輪山の大神《おおみわ》神社では、大物主神と大国主神を、別々に祀っている。

だいたい、原田常治氏が指摘したように、大物主神が物部《もののべ》氏の祖・饒速日命《にぎはやひのみこと》と同一ならば、この神は歴史の勝者であり、出雲大社で「祟り神」のような扱いを受けて祀られる必要はなかったのである。日本最大級の建築物を用意してまで、朝廷は何を祀ろうとしていたのだろう。その祀られる神の実態がどうしても捉《とら》えきれないというのはなぜだろう。

とにもかくにも、大国主神は謎だらけだ。

たとえば、出雲大社の祭神は大国主神だが、祀られ方自体が、不可解きわまりない。

本殿は南を向いているのに、神様は西を向いている。結界《けっかい》を示す注連縄《しめなわ》は、世間一般とは逆向きに縒《よ》ってある。普通の神社は二拍手なのに、出雲では四拍手である。

多くの学者や作家が、このような不思議に挑戦してきたが、いまだに明快な答えは出されていない。

まして、大国主神の正体となったらお手上げである。

『日本書紀』のなかには、大国主神の別名が、腐《くさ》るほど出てくる。大物主神《おおものぬしのかみ》、国作大己貴命《くにつくりのおおなむちのみこと》、葦原醜男《あしはらのしこお》、八千矛神《やちほこのかみ》、大国玉神《おおくにたまのかみ》、顕国玉神《うつしくにたまのかみ》がみな、同一の神を指している、という。いったい、どれが本当の名なのか、まったくわからない。架空《かくう》としても、いや、架空であるならば余計に、なぜこれほどまでに別名を用意する必要があったのだろう、という疑問が湧いてくる。

神社伝承から古代史を再現しようとした原田常治《はらだつねじ》氏も、『古代日本正史』（同志社）のなかで、大国主神にはてこずり、最大の難関だったと記している。

その原田氏は、大国主神の謎をおおまかに次のようにまとめている。
(1)素戔嗚尊《すさのおのみこと》や饒速日命《にぎはやひのみこと》には立派な諡号《しごう》があるのに、なぜ大国主神にはないのか。
(2)出雲に死んだ痕跡《こんせき》がない（もちろん、原田氏は大国主神が実在の人物と考えている）。
(3)出雲国譲りを追究しても、曖昧模糊《あいまいもこ》として真相らしきものが出てこない。
(4)死後五百年もたってから、なぜ朝廷は突然、出雲大社という大建造物を構築する必要があったのか……。
などなど、興味深い指摘をしたうえで、

考えると、まったく謎に包まれた人物で、あるいは本当の歴史は、この謎を解くことで解決できるかも知れないと考えた。

と結んでいる。

まったくそのとおりで、出雲の最後の謎は、大国主神をどう考えるかにかかっているといっても過言ではない。出雲神話の主人公は大国主神であり、それにもかかわらず、一番実体のない神が大国主神だったのである。そして、大国主神の謎とは、とどのつまり、出雲の国譲りとはいったい何だったのか、といい直すことができるかもしれない。

◇大国主神の末裔・富氏の謎

それだけではない。「大国主神《おおくにぬしのかみ》」の末裔《まつえい》が健在で、しかも、出雲国譲りの重大な秘密と深い恨《うら》みを語り継いでいる、という有名な話がある。

このおどろおどろしい話を広く世に知らしめたのは司馬《しば》遼《りよう》太《た》郎《ろう》氏だ。『歴史の中の日本』（中公文庫）の「生きている出雲王朝」のなかで、司馬氏の勤め先だった新聞社の上司の、W氏の話がある。

そのW氏は出雲の出身で「語部《かたりべ》」であったこと、しかも先祖が大国主神だったという。司馬氏は、まるで「白昼に亡霊を見るような観があった」といい、W氏から「出雲は簒奪《さんだつ》されているのです」という言葉を引き出している。すなわち、大国主神の出雲は、出雲国造家《こくそうけ》の祖に、簒奪されていた、というわけである。しかもその話を、代々、語り継いできたというのである。

出雲の語部に注目したのは、この司馬氏だけではない。吉田大洋《よしだたいよう》氏は『謎の出雲帝国』（徳間書店）のなかで、直接W氏と会い、貴重な話を聞き出している。

司馬氏のいうところのW氏は、富當雄《とみまさお》氏が本名だ（出雲では正式には富上官《とみのじょうがん》出雲臣《いずものおみ》財《たから》當雄《まさお》と呼ばれている）。

富一族は、代々、親から子へ、出雲の大国主神の悲劇と、この一族の悲劇を語り継いできたのである。

吉田氏は、その富氏が、出雲の国譲りの舞台である稲佐《いなさ》の浜《はま》で、

「私の先祖は、侵略者の目の前で、抗議の自殺をしたんだ。ここでだ、ここで！」

とうめいたという女性週刊誌の記事を引用し、また、富氏が出雲のなかで迫害を受けてきたこと、かつて毒殺された者が数名、発狂したふりをして身を守った者も現われたことを記している。

富氏が実際にくだんの発言をしたのかどうか、週刊誌の記事や吉田氏の著書をもって判断することはできない。

ただ興味深いのは、大国主神の末裔である富氏が、今も語部《かたりべ》として生きている、という事実である。そして、出雲の地で何かしらの悲劇がなければ、このような執念をもった一族が現われないであろうことも、容易に想像のつくことだ。

実をいうと、私自身も、一度「富氏」に接触しようと試みたことがある。月刊誌『歴史街道』（ＰＨＰ研究所）の取材で山陰地方を旅したとき、編集長の辰本清隆氏にお願いして、富氏と出雲国造家《こくそうけ》の千家《せんげ》氏にお会いできないかとお願いしたのだ。

だが、夢は叶《かな》わなかった。富氏（おそらく富當雄氏のご子息）は、東京に出たまま音信不通とのこと、また、出雲国造家は急には無理、という話だった。

現地に着いて、案内役を買って出た地元の方々は、私の希望を聞いて、みな

「ご冗談を」というような顔をして、笑っていた。かなりおかしいのか、ずーっと、にやにやしていた。

出雲国造家や富氏に会う、ということが、いったいどういうことか、ヤマトのやつらにはわかっていないようだ、という気持ちだったのか、あるいは、あまりにも話が大きすぎて、つい笑ってしまった、というところであろうか。

◇大国主神は何者なのか

筆者はかつて、それなりに大国主神《おおくにぬしのかみ》の正体と出雲の国譲りの真相なるものを、推理したつもりである（詳細は、拙著『天孫降臨の謎』『神武東征の謎』以上PHP研究所、『封印された日本創世の真実』KKベストセラーズ）。

まず注目したのが、崇神《すじん》天皇の時代に来日したという、伽耶《かや》王子・都怒我阿羅《つぬがあら》斯等《しと》で、一般に、この人物を神話化したものが天日槍《あめのひぼこ》（天《あめ》の日矛《ひぼこ》）と考えられているが、私見は、この謎めいた人物こそ、大国主神にほかならないと推理した。

また、神功《じんぐう》皇后の夫・仲哀《ちゅうあい》天皇も同一人物ではないかと考えた。仲哀天皇は神のいいつけを守らず変死したが、それは要するに「ヤマトの意志」にほかなるまい。ちなみに、大国主神もまた、身内にいじめられ、一度は殺されている。

仲哀天皇の死は伏せられ、極秘裏《ごくひり》に北部九州から関門《かんもん》海峡を越えて山口県側の豊浦宮《とゆらのみや》に移されたと『日本書紀』にはある。

現代でも出雲国造の喪《も》は厳重に伏せられ、出雲大社の「身逃《みに》げの神事《しんじ》」で、禰宜《ねぎ》がだれにも見つからないように浜辺に出て神事を行なうのは、まさに、このような仲哀天皇の故事に由来するのではないかと勘ぐってもみた。

そして、出雲の国譲りの全体像というものは、以下の通りと推理している。

これまで述べてきたように、ヤマトから北部九州に遣わされたトヨは、期待以上の活躍を見せ、一気に山門《やまと》の女首長を討ち滅ぼしたのだった。

これがヤマトのトヨによる山門（邪馬台国《やまたいこく》）の卑弥呼《ひみこ》殺しであり、この後トヨは卑弥呼の宗女《そうじょ》（台与《とよ》）という形で王位を継承し、「親魏倭王《しんぎわおう》」の称号を獲得することに成功する。

今度は、トヨが卑弥呼に成り代わり、魏の虎の威を借りたわけである。ヤマトは北部九州に王権が居座ったままでいることは不満であったろうが、黙認するほかはなかったにちがいない。ところが、中国の魏が滅び、晋《しん》がトヨ（台与）の朝貢《ちょうこう》を適当にあしらったところで、ヤマトは動いたのだろう。あるいは、はじめはヤマトに帰るつもりでいたトヨであったが、トヨの帰りを手ぐすね引いて待っている「政敵」の存在が、問題を複雑化させたのかもしれなかった。

いずれにせよ、トヨの北部九州とヤマトは反目し、にらみ合いがはじまった。そしてトヨは、出雲、北陸に通じる日本海ルートを掌握《しょうあく》することでヤマトに対抗しようとしたに違いない。

要は、関門海峡の奪い合いであり、一見して北部九州とヤマトの対立にみえて、そのじつ、山陰、北陸（越）、東国につづく「日本海交易圏」が、ヤマト、吉備《きび》を中心とした「瀬戸内海交易圏」を包囲した形である。

前方後方墳や方墳の広がりには、このようなヤマトの混沌《こんとん》が秘められているように思えてならない。そして、出雲の国譲りで、建御名方神《たけみなかたのかみ》なる神が最後まで抵抗し、最終的に諏訪に落ち延びたのだと『古事記』がいうのも、意味のないことではなかったはずである。

◇やっと気づいた「大国主神は聖徳太子とそっくり!!」という事実

だが、トヨは結局、北部九州の高良《こうら》山周辺から追い落とされてしまう。そして落ち延びたのが、南部九州の隼人《はやと》の地（日向《ひむか》）であり、神話の世界の出雲の国譲りとは要するに、トヨの逃亡劇であったと考えられる。

結果としては、トヨはヤマトのために北部九州で活躍し、邪魔になったから捨てられた、ということになる。これは、豊受大神《とようけのおおかみ》の天《あま》の羽衣《はごろも》伝承に通じ、また、海幸山幸《うみさちやまさち》神話の豊玉姫《とよたまひめ》と同じ運命である。そして、トヨの死を受けてヤマトに新体制（おそらく物部《もののべ》氏を中心とした王家だったと思われる）が敷かれたが、天変地異が相次ぎ、疫病《えきびょう》も蔓延《まんえん》してしまった。

これを「トヨの祟り」と知った（神託が下った）ヤマトは、忘れ去られた「日向の御子《みこ》」を必死に探し求め、王に据えることで、祟りを抑えようと考えたのであろう。トヨの御子・神武《じんむ》（さらには第十代崇神《すじん》）天皇は、こうして担ぎ上げられたわけである。

これが、私の考える出雲の国譲りの真相である。そして問題は、この話のなかで、仲哀《ちゅうあい》天皇（大国主神）の占める位置が、あまりに小さくみすぼらしいことである。神話や出雲大社での扱いに反比例するかのように、仲哀天皇の存在は軽い。

神話のなかで大活躍する大国主神であるならば、真実の歴史のなかでも、それなりの行動をしていて、しかも、この神の正体のなかに、この国の歴史の根幹を揺るがすほどの秘密が隠されているのではないかと、そう勘ぐらざるを得なかった。

そしてそれは、出雲国造家《こくそうけ》が、千数百年にわたって口を閉ざしてきた、日本古代史最大の秘密である。

ところが……。そういえば、大国主神とそっくりな人物が歴史上に存在した、そう思ったとき、まるで頭をたたかれたように、衝撃が走った。これまでの大国主神に対する考え方が、大きな誤《あやま》りであったことに気づいたのだ。

なぜこのことに、もっと早く気づかなかったのだろう。

大国主神は、聖徳太子《しょうとくたいし》とそっくりなのだ。

そして、この図式を「発見」したとき、『日本書紀』がなぜ大国主神という神を神話に用意したのか、その理由もはっきりした。わかってしまえば、バカらしいほど簡単なことだったのだ。

『日本書紀』が隠したかったのは、「大国主神」ではない。「大国主神の裏側にいる実在したヤマト建国の偉人」である。

そして、この偉人隠しのために、『日本書紀』は神話を書き連ね、そして出雲国造家は、嘘を上塗りするべく、身逃げの神事を繰り返してきたのである。千数百年にわたる、壮絶で滑稽《こっけい》な歴史活劇である。

◇大国主神と聖徳太子の共通点

そこでまず、大国主神《おおくにぬしのかみ》と聖徳太子のどこが似ているのか、それを明らかにしておかなければなるまい。

まず、よく知られているように、聖徳太子には多くの別名があって、どれが本当の名前だったのか、はっきりしていない。「聖徳太子」という最も有名な名も、実際には『日本書紀』には載っていない。そのかわり、無数の名を『日本書紀』は取り上げている。

この「名が多い」、という特性は、聖徳太子と大国主神、両方に共通している。大国主神の別名に大物主神《おおものぬしのかみ》や大己貴神《おおなむちのかみ》などがあることは、すでに触れたところだ。

共通点は「建造物」にも当てはまる。聖徳太子の寺・法隆寺には、奇怪な謎がつきまとう。梅原猛《うめはらたけし》氏が述べているように、法隆《ほうりゅう》寺には、奇怪な謎がつきまとう。オカルトじみた話に満ちている。そういえば、本来は南北に連なる寺院の金堂《こんどう》と塔の位置も、やはり謎だらけだ。そういえば、本来は南北に連なる寺院の金堂と塔の位置も、法隆寺は東西に並べ（創建法隆寺＝若草伽藍《わかくさがらん》は南北）、西を意識している。

再建（現存）法隆寺も出雲大社の建立も、ほぼ七世紀の終わりから八世紀頃のことで、『日本書紀』の編纂《へんさん》時期と近い。

大国主神は越《こし》の沼河比売《ぬなかわひめ》を娶《めと》るが、「ヌナカワ（沼河）」の「ヌ」は「ヒスイ」のことで、その「ヒスイ」は、海神《わたつみ》の神宝だ。すなわち、沼河比売は海の女神なのだが、豊玉姫も豊受大神も、「トヨ」の女神のことごとくが「海の女」であり、ヒスイとかかわりをもっていたことを無視することはできない。大国主神の求めた沼河比売は、「ヒスイの女神」であると同時に、「トヨの女神」にほかならなかったのだ。

これに対し、聖徳太子も「豊聡耳《とよとみみ》」と名づけられたように、「トヨ」の御子である。

これは、けっしてこじつけではない。聖徳太子は七世紀の蘇我《そが》系皇族だが、蘇我氏はこの時期、「ヒスイ」を独占的に生産していたし、飛鳥《あすか》の蘇我系皇族は、聖徳太子のみならず、みな「トヨ」の名を冠したからである。

奇怪な謎がつきまとう法隆寺

たとえば、蘇我系の王・推古《すいこ》天皇と用明《ようめい》天皇は、それぞれ、豊御食炊屋姫《とよみけかしきやひめ》と、橘豊日天《たちばなのとよひのすめら》皇《みこと》。どちらにも「トヨ」がつく。

このように、大国主神も聖徳太子も、どちらも「トヨ」との間に強い因縁がある。

そして、ここからが大切なのだが、聖徳太子も大国主神も、悲惨な運命を背負ってしまっている。大国主神は天《あま》つ神《かみ》に国譲りを強要され、一族は恭順するとともにみな「幽界《ゆうかい》」に去っていったのだった。これに対し聖徳太子の場合は、息子の山背大兄王《やましろのおおえのおう》の一族が蘇我入鹿《そがのいるか》の魔の手にかかり、斑鳩《いかるが》（法隆寺一帯）で、一族滅亡の道を選んでいったのである。

大国主神の一族も、聖徳太子の一族も、一瞬で、この世から蒸発した。

これは偶然なのだろうか。そうではあるまい。

たとえば、聖徳太子がなぜ「比類なき聖者」として『日本書紀』に登場してくるのかといえば、それは、蘇我入鹿をいかに悪役に見せることができるか、その演出のためであったと考えられる。このあたりの事情は、他の拙著で繰り返し述べてきたので、簡潔に述べておこう。

ヒントは『日本書紀』のなかに隠されている。

『日本書紀』編纂《へんさん》に大きくかかわったであろう藤原不比等《ふじわらのふひと》の父は中臣《なかとみの》（藤原《ふじわら》）鎌足《かまたり》で、この人物は、大化元年（六四五）、蘇我入鹿を暗殺することで頭角《とうかく》を現わした。いわば、藤原氏の千年の繁栄は蘇我入鹿暗殺が端緒《たんしょ》だったわけで、藤原氏はこれを正当化する必要があった。

蘇我入鹿は古代史上最大の悪人と信じられているが、それは、『日本書紀』にそう書いてあったこと、その後の政権が長く藤原氏独裁体制だったからで、当然、「蘇我＝悪」という図式は定着したわけである。だが、蘇我入鹿が祟《たた》って出ていた疑いは強く、とするならば、本当は、蘇我入鹿は罪なくして殺されていた可能性が高い。実際に、史学界も、ようやく蘇我氏の正義に注目しはじめ、蘇我氏が七世紀の行政改革を推し進めていたのではないかと指摘されるようになってきた。状況証拠からみて、藤原氏は蘇我氏に無実の罪を着せていた疑いは、強くなるいっぽうだ。藤原不比等は蘇我入鹿を悪人に仕立て上げることで、「蘇我氏の手柄」を横取りすることに成功したのだろう。

そう考えることで、聖徳太子という存在の意味がはっきりしてくる。『日本書紀』が聖徳太子を必要以上に礼賛《らいさん》したのは、聖徳太子が聖者であればあるほど、「聖者の子どもの一族を滅亡に追い込んだ蘇我入鹿」が、大悪人になっていくという図式を完成するためにほかなるまい。

つまり、「聖徳太子」という存在は、蘇我入鹿を「悪役」に仕立て上げるための偶像だったのではないかと思いいたるのである。そして、はじめからこの世には存在しなかった聖者だからこそ、その末裔は、まるで蒸発するかのように、すっかりこの世から消えたのであろう（拙著『大化改新の謎』ＰＨＰ研究所）。

◇蘇我氏を悪役に仕立てるための大国主神？

それでは、大国主神《おおくにぬしのかみ》はどのような目的で創作された神なのだろう。そしてこの神も、架空《かくう》の存在だったのだろうか。

ここで注意しなければならないのは、藤原不比等《ふじわらのふひと》が、ただ単純に三世紀のヤマト建国の歴史を抹殺《まっさつ》してしまったわけではない、ということである。すなわち、不比等の最終的な目的は、八世紀の藤原氏の政権獲得にいたる道のりの「正当化」であり、そのためには、三世紀の歴史が邪魔になったということなのである。

すでに触れたように、七世紀の半ばに中臣鎌足《なかとみのかまたり》が蘇我入鹿《そがのいるか》を殺すことで、藤原氏勃興《ぼっこう》のきっかけはつくられた。その後、藤原一族は、蘇我倉山田石川麻呂《そがのくらやまだいしかわのまろ》や物部麻呂《もののべのまろ》といった政敵を陰謀によって失脚させ、死に追いやることで、権力者の道を歩みつづけた。藤原氏が滅ぼしたのが「蘇我」と「物部」であったところに、大きな問題が隠されている。私見が正しければ、彼らこそ、ヤマト建国の立役者の末裔なのだった。ヤマトで最も正統な一族が、蘇我氏と物部氏である。かたや、藤原氏が何者なのかといえば、その正体は百済《くだら》系の渡来人ではなかったかと指摘しておいた。百歩譲ってこれが間違っていたとしても、藤原氏が成り上がりではないかとする説は、強まりつつある。したがって、いずれにせよ、藤原氏は、ヤマトの名門氏族を陰謀や卑怯《ひきょう》な手口で追い落としたことの大義名分を必要としていたのである。そのために、藤原不比等は、蘇我氏と物部氏の素性《すじょう》を隠匿し、さらに、出雲や吉備を「出雲」とひとくくりにして神話の世界に封印してしまったのだろう。

つまり、八世紀の藤原不比等が最も恐れたのは、本当の歴史が残されることだったろう。ここにいう本当の歴史とは、行政改革に邁進《まいしん》していた「正しい蘇我氏」を、中臣鎌足が改革潰しのために滅ぼしてしまったという事実だ。そしてもうひとつ、蘇我氏が、ヤマト建国に貢献した「出雲」とつながりのあることではなかったか。

とするならば、藤原不比等は、『日本書紀』の神話のなかにヤマト建国の真実を封印し、しかもお伽話《とぎばなし》のなかで、蘇我氏の正体、蘇我氏のヤマト建国に果たした役割を、抹殺してしまったに違いないのだ。

そして、七世紀の蘇我氏の正体を抹殺するために聖徳太子を用意し、さらに三世紀の蘇我氏の先祖たちの活躍を抹殺するために、大国主神という役者に登場願ったのだろう。

では、大国主神というカラクリによって正体を抹殺された人物とは、いったいだれなのか。ここで結論を先にいってしまえば、それは、出雲神・事代主神《ことしろぬしのかみ》（言代主神）であり、この神は、歴史時代に武内宿禰《たけのうちのすくね》の名で登場してくる、蘇我氏の祖にほかならない。

ちなみに、事代主神は『日本書紀』のなかで、大国主神の子として姿を現わし、また出雲の国譲りに際しては、天孫族に国を譲り渡す最終判断を下した神として知られている。

それでは、事代主神のどこに秘密が隠されているのか、本当に事代主神が蘇我氏の祖で、しかもヤマト建国の英雄だったのか、まずは「武内宿禰」という奇妙な存在から話を進めていこう。

◇武内宿禰のまわりに集まるそっくりさん

『日本書紀』編纂の最大の目的。それは、蘇我氏の正体を抹殺し、蘇我氏の燦然《さんぜん》と輝く活躍を闇に葬り去ることにほかならない。

そのために割を食ったのが「出雲」である。ヤマト建国に貢献しながら、神話の世界に封印されてしまったわけである。

ただそうはいっても、これまで蘇我氏とヤマト建国、出雲の関係など、取沙汰されたことがなかったから、このような推理を俄《にわか》に信じることはできないに違いない。

けれども、蘇我氏の祖の武内宿禰《たけのうちのすくね》が神功《じんぐう》皇后の忠臣として縦横無尽に動き回っていたことは、『日本書紀』も認めている。私見どおり、神功皇后が邪馬台国《やまたいこく》のトヨで、しかもこの女傑がヤマト建国の前後にヤマトから北部九州に遣わされ、大暴れしていたとすれば、武内宿禰の存在を無視することはできなくなるのである。

ちなみに、これはおもしろい現象なのだが、藤原氏の武内宿禰に対する態度は、「微妙」である。なぜなら、どこか藤原氏は武内宿禰にあこがれているような素振りをみせているからだ。そのいっぽうで、藤原不比等《ふひと》は『日本書紀』のなかで、蘇我氏の祖を特定することを怠っている。『古事記』は武内宿禰が蘇我氏の祖だったと指摘しているが、『日本書紀』は、この伝承を無視している。つまり、武内宿禰と蘇我氏の縁を、断ち切っているのだ。

もちろん通説は、蘇我氏がヤマト建国以来つづいた名家とは考えていないから、武内宿禰と蘇我氏のつながりに関心を示さない。第一、武内宿禰自体、伝説上の人物であり、実在したわけではないと、高をくくっているのである。

たしかに、武内宿禰の素性《すじょう》は怪しげだし、三百歳の長寿という話も、信じるわけにはいかない。武内宿禰は、どこからどう見ても、「神話」なのである。

だが逆に、少なくとも歴史時代に入ってから登場した人物であるならば、神格化されたこと自体に、『日本書紀』の作為《さくい》を感じざるを得ない。

さらに、『日本書紀』が蘇我氏と武内宿禰を切り離しただけならまだしも、蘇我氏の祖をまったく記載しなかったことにこそ問題がある。

蘇我氏の系譜をまったく無視した上で、蘇我氏の祖ではないかと疑われる武内宿禰を、実在するはずのない「神」に仕立て上げてしまったのは、どういう魂胆《こんたん》だったのか。

そこで武内宿禰をめぐる「神話」に注目すると、興味深い事実に気づかされる。それは何かというと、この人物の周囲に、やたらと「そっくりな人間」がたむろしているのだ。武内宿禰とそっくりだったり、子ども同士が似通った運命を背負い込んだりしている。これはいったいなんだろう。

まったく、出雲の国譲りとはかかわりのないようにみえて、のちのち大きな意味をもってくるので、武内宿禰のまわりの「そっくり」の例を、すべてあげてみよう。

最もわかりやすい例は、すでに触れた武内宿禰と真根子《まねこ》の話だ。真根子は謀反《むほん》の嫌疑をかけられた武内宿禰の身代わりになって死んでいった。武内宿禰と真根子は、瓜二つだったから、というのが『日本書紀』の言い分である。

武内宿禰のまわりの「よく似ている二人」は、まだいっぱいいる。

仁徳《にんとく》天皇元年春正月の条には、次のような話が載っている。

仁徳天皇（名は大鷦鷯《おおさざき》）が生まれたときの話だ。木菟《つく》（ミミズク）が産屋《うぶや》に飛び込んできた。翌日、誉田天皇《ほむたのすめらみこと》（応神《おうじん》天皇）が、武内宿禰《たけのうちのすくね》を呼んで、

「なんの瑞兆《ずいちょう》か」

と問いただすと、武内宿禰は、

「吉祥《きっしょう》です。昨日、わたくしの妻が子を産むとき、鷦鷯（ミソサザイ）が産屋に飛び込んでまいりました。これはまさに奇遇にございます」

そこで応神天皇は、次のように語った。

「今、朕《わ》が子と大臣《おおおみ》（武内宿禰）の子は、同じ日に生まれ、しかも同じ瑞兆があった。これは天上界の表徴《ひょうちょう》にほかならない。そこで、それぞれの鳥の名を取って、お互いの名を交換して子に授け、後世へのしるしとしようではないか」

そこで、武内宿禰の子の産屋に現われた鳥・鷦鷯の名を太子（仁徳天皇）につけて、大鷦鷯とし、木菟《つく》の名を取って、武内宿禰の子を木菟宿禰《つくのすくね》と呼ぶようになったという。これが平群臣《へぐりのおみ》の始祖となった、というのである。

次の話は、「似ている」のではなく、名を交換した、という話で、これも応神天皇と武内宿禰の話だ。

さて、「神功皇后摂政紀十三年春二月条」には、神功皇后が武内宿禰に命じて、太子（のちの応神天皇）とともに角鹿《つぬが》の笥飯大神《けひのおおかみ》（福井県敦賀《つるが》市の気比《けひ》神宮）を参拝させたとある。

ところが、応神天皇即位前紀の別伝には、「一《ある》に云《い》はく」として、次のように記している。

すなわち、応神天皇が皇太子になったとき、越《こし》の角鹿の笥飯大神を拝んだという。このときは、ただの参拝だけでは終わらなかった。大神と太子は、名を交換したというのだ。

笥飯大神を祀る敦賀市の気比神宮

そのため、大神を名付けて、去《い》来《ざ》紗《さ》別神《わけのかみ》といい、太子を誉《ほむ》田《た》別尊《わけのみこと》と呼ぶようになったのだという。

そして『日本書紀』は、大神の最初の名は誉田別神で、太子の元の名は、去来紗別尊といったのだと、念を押している。

このように、武内宿禰の周囲にこれだけ「名を交換した」、あるいは、二人はそっくりだったという話が重複するのは不自然だ。何かしらの作為《さくい》があったとしか思えない。

そして、「そっくりさん」が多いという属性

内色許男命―伊迦賀色許売命
（物部系）
孝元天皇
比古布都押之信命
山下影日売（木国造の祖・宇豆比古の妹）
武内宿禰（建内宿禰）……蘇我系諸豪族
（蘇我、葛城、平群など）

から思い出されるのが、大国主神《おおくにぬしのかみ》や聖徳太子《しょうとくたいし》である。

彼らが、実在した歴史の大物を抹殺《まっさつ》するためにつくり出された偶像ではないかと疑っておいたが、聖徳太子の場合、蘇我入鹿《そがのいるか》を悪役に仕立て上げるために、とてつもない聖者に書き上げられていたわけである。

そして問題となるのは、聖徳太子だけではなく、正体を抹殺された側の蘇我入鹿にも、多くの別名があったことだ（鞍作《くらつくり》、豊浦《とゆら》大臣、林大臣、林臣入鹿、蘇我大郎、宗我大郎、蘇我林臣大郎、林大郎）。

なぜこのようなことになるのかといえば、いくつもの原因が考えられよう。蘇我入鹿の実体を曖昧模糊《あいまいもこ》なものにするための方便であろうし、また、嘘《うそ》を塗り重ねていくうちに、本当に正体がわからなくなり、後世の文献が混乱していった、ということも考えられる。

このことは、武内宿禰を考える上で、大きなヒントとなる。この人物に、「そっくりさん」が多かったのは、武内宿禰こそが、蘇我入鹿とともに、『日本書紀』が必死になって抹殺しようとした歴史上の大物だったのではなかったか、ということなのである。

◇そもそも武内宿禰とは何者なのか

そこであらためて、武内宿禰の系譜を確認しておこう（前頁）。

『古事記』によれば、第八代孝元《こうげん》天皇が内色許男命《うつしこおのみこと》の娘・伊迦賀色許売命《いかがしこめのみこと》を娶《めと》って産ませた子が比古布都押之信命《ひこふつおしのまことのみこと》で、さらに比古布都押之信命が木国造《きのくにのみやつこ》の祖・宇豆比古《うずひこ》の妹・山下影日売《やましたかげひめ》を娶って生まれた子が武内宿禰（建内宿禰《たけうちのすくね》）であったという。

ここに登場する内色許男命は物部氏で、この伝にしたがえば、蘇我氏は天皇家と物部氏の間にできた氏族であったことになる。もちろん、これが武内宿禰のすべてではない。

武内宿禰は景行《けいこう》、成務《せいむ》、仲哀《ちゅうあい》、応神《おうじん》、仁徳《にんとく》の五代の天皇に仕え忠誠をつくしたことで名高いが、武内宿禰が最も活躍したのは、神功皇后《じんぐう》の時代だった。特に北部九州からヤマトに向かう応神天皇に常に付き従い、政敵追い落としに一肌脱《ひとはだ》いでいる。

武内宿禰が伝説上の人物であり、蘇我氏か藤原氏によって七世紀ごろ創作されたのではないかといわれるひとつの理由は、なんといっても、この人物が人並みはずれた長寿だったといい伝えられているからである。

ところで、『日本書紀』仁徳《にんとく》天皇五十年春三月の条には、武内宿禰を名指しした、次のような歌が載る。

たまきはる　内《うち》の朝臣《あそ》　汝《な》こそは　世《よ》の遠人《とほひと》　汝《な》こそは　国《くに》の長人《ながひと》　秋津嶋《あきづしま》
倭《やまと》の国《くに》に　雁産《かりこ》むと　汝《な》は聞《き》かすや

（**大意**　武内宿禰よ。あなたこそこの世の長生きの人だ。この国一番の長生きの人だ。だから尋ねるが、この国で雁が子を産むと、あなたは聞いたことが

ありますか）

このように、武内宿禰は当時を代表する「老人」なのである。伝説によれば、三百年近く生きたという。

だが、武内宿禰が三百年を生きつづけたという言い伝えを、たんなる創作上のいたずらとすましておくべきではない。なぜなら、三百歳といえば、浦島太郎《うらしまたろう》（浦嶋子《うらしまのこ》）を思い出すからである。

浦島太郎は、そんじょそこらにある昔話とはわけが違う。『風土記』『万葉集』『日本書紀』と、ありとあらゆる古文献が、浦島太郎について黙っていられなかったのである。しかも『日本書紀』では、「詳細は別冊に書いてある」といい、特別に浦島太郎のために、一巻を割いたと註記しているほどなのだ（もっとも現存しないが）。そう考えると、「浦島」は「神話」のなかでも特別な神話だったことがわかる。

さらに特筆すべきは、浦島太郎が武内宿禰だけではなく、多くの神々と共通点をもっていたことだ。いったい浦島太郎とは何者なのだろう。

そこで、浦島太郎伝承のおさらいをしておこう。『丹後《たんご》国風土記』の内容は、今日に伝わる浦島伝承とほぼ同じで、亀《かめ》(亀比売《かめひめ》)に乗って竜宮城《りゅうぐうじょう》(海神《わたつみ》の宮)に行ったこと、三年後にもどってきたが、あたりの景色は変わっていて、実は三百年も時間がたっていたこと、開けてはいけないという玉匣《たまくしげ》を開けたら、浦島は老人になってしまった、というものだ。

この話は、丹後半島の籠《この》神社の周辺で語り継がれていた可能性があるが、籠神社の祭神に豊受大神《とようけのおおかみ》がいて、「トヨとのつながり」という点で興味深いのは、豊《とよ》玉姫《たまひめ》の活躍する海幸山幸《うみさちやまさち》神話と浦島太郎伝承がそっくりなことである。これはいったいなんだろう。

海幸山幸神話のなかで山幸彦を海神《わたつみ》の宮に誘うのは塩土老翁《しおつつのおじ》で、この神は天《あま》つ神《かみ》を嚮導《きょうどう》(みちびく)する、という性格をもつ。塩土老翁は字のごとく、「老人」のイメージで、これは玉匣を開けてしまった浦島太郎と通じる。また、「老人」といえば武内宿禰を思い出す。

◆武内宿禰と浦島太郎が三百歳だった意味

塩土老翁《しおつつのおじ》は、山幸彦《やまさちひこ》を竜宮に誘うに際し、無目籠《まなしかたま》を用意した。籠は亀甲紋《きっこうもん》であり、亀のイメージだ。どうみても、海幸山幸神話は、浦島太郎のパクリである（逆かもしれない。どちらが焼き直したのかはわからない）。

浦島とそっくりな塩土老翁も曲者《くせもの》で、神武《じんむ》天皇がまだ日向《ひむか》にいたときのこと、東の方角に国の中心に相応《ふさわ》しいヤマトの地があることを報告している。神武が重い腰を上げたのは、塩土老翁の言葉を信じたからである。

応神《おうじん》が北部九州からヤマトに向かったときは、神武東征のときと同じように、ヤマトの近辺に政敵が待ちかまえていたが、応神を守りヤマトに導いたのは、老人のイメージの強い武内宿禰《たけのうちのすくね》であった。

『古事記』によれば、神武がヤマトに向けて船を進めていたときのこと、あちらから奇妙な男がやって来たとある。その男は亀の甲羅《こうら》に乗り、釣《つ》り竿《ざお》をもってやって来た。なんの酔狂《すいきょう》か、これも浦島のパクリではないか。なぜ神武東征に浦島太郎が出現したのだろう。

『万葉集』によれば、浦島は墨江《すみのえ》の人であったという。墨江とは、大阪の住吉《すみよし》大社の鎮座する地で、住吉大神の別名は塩土老翁という。また、神武の前に現われた男が浦島に似ているのは、要するにこの男が塩土老翁だったからではなかったか。

つまり、神武は日向の地で塩土老翁に誘われ、航海中も、塩土老翁に手を引かれていたと考えるとすっきりする。

ところで『古事記』は、この亀に乗った男が、腕を鳥の羽根のように振っていたと記録しているのだが、この仕草は、おどけや気まぐれではない。れっきとした「アソビ」である。ここにいうアソビとは、「神事」としての「遊び」で、これを、「鳥の遊び」という。

では、なぜ浦島もどきが鳥の遊びをしていたのだろう。鳥の遊びは能楽《のうがく》の「居《い》曲《ぐせ》」の所作《しよさ》に結びついていったもので、羽ばたき、また、かがんだまま、じっとしている動作である。これは、古い魂を鳥に返し、新たな魂と交換する神事なのである。

豊受大神《とようけのおおかみ》が天《あま》の羽衣《はごろも》を着て空を飛ぶのは、羽衣が鳥の羽根のイメージだからだ。要するに、豊受大神は海の女神であると同時に、鳥遊びをする鳥の巫女《みこ》であり、鳥の巫女は弥生時代からつづく日本人の神まつりの原形でもあるのだ。

海と強くつながる出雲の神々もまた、鳥の巫覡《ふげき》として振る舞っている。出雲の国譲りの直前、下照姫《したでるひめ》は夫の葬儀を鳥たちを集めて行ない、出雲の国譲りに際しては、事代主神《ことしろぬしのかみ》が三穂《みほ》の埼《さき》で釣りをし、鳥の遊びをしていたという。

事代主神が釣り竿をもって鳥の遊びをしていたのは、実に暗示的である。これは、神武天皇の前に亀に乗って釣り竿をもって、鳥の遊びをしながら近づいて来たあの男にそっくりである。とするならば、出雲神・事代主神も、浦島太郎と接点をもっていたことになる。

すでに触れたように、蘇我氏と出雲には目に見えないパイプがあって、蘇我氏はそもそも出雲出身ではないかとしておいた。そして、他の拙著のなかで繰り返し述べてきたように、蘇我氏の祖・武内宿禰と出雲神・事代主神（言代主神）には、共通点があり、同一であったと考えられる。

たとえば、事代主神の特性は、神の言葉を代弁することにあり、そこで別名を言代主神という（というよりも、こちらが本名だろう）。だからこそ、出雲の国譲りに際し、最終判断を委ねられたのだった。

これに対し、武内宿禰も同様に、神託を神に代わって人びとに語る役目を負っている。この属性は、まさに神の言葉を代弁する「言代」にほかならない。

また、蘇我系葛城《かつらぎ》氏の本拠地は、葛城《かつらぎ》山系の周辺だが、この山の神は一言主神《ひとことぬしのかみ》で、その本来の姿は「一言主神＝言代主神」にほかなるまい。その証拠に、蘇我氏が全盛時代に都が置かれた飛鳥《あすか》の中心・飛鳥坐《あすかにます》神社に祀《まつ》られているのは、事代主神だったのである。

このように、武内宿禰は事代主神とよく似ていて、事代主神は浦島太郎に似ている。その浦島は、住吉に祀《まつ》られる塩土老翁に似ていて、塩土老翁は、武内宿禰によく似ている……。つまり、武内宿禰からはじまる「似ているものの連鎖」は、武内宿禰にもどってきてしまうのである。

ならば、これら全員、本来は同一人物だったのではあるまいか。

浦島太郎と武内宿禰の話の共通点は、まだほかにもある。浦島太郎は竜宮城でうつつを抜かしている間に帰る場所を失った。かたや、武内宿禰は、ヤマトから北部九州に向かい、海を渡って新羅《しらぎ》征討をしている間に、ヤマトに帰れなくなったのだ。

『万葉集』には、浦島太郎をめぐる物語が歌にされているが、その長歌の後につづく短歌に、興味深い箇所がある。

それによれば、「自ら望んだこととはいえ、なんと間抜けな男なのだ」と締めくくるのである。

浦島が間抜けだった本当の理由は、竜宮城を「北部九州」に置き換えるとわかりやすい。要するに、ヤマトに帰りたかったであろうに、北部九州に固執したがために、帰るに帰れなくなったということであろう。つまり、浦島は武内宿禰にほかならない。

では、なぜ二人が「老」でなければならなかったかというと、それは、「若」との対比の妙である。日向《ひむか》の御子《みこ》が「若宮」に祀られていたように、武内宿禰に抱かれる応神《おうじん》（神武《じんむ》）は、「老」に抱かれるからこそ「若」が際立《きわだ》つ。

古代において、「老」も「若」も、境界（この場合、死と生）に近いから神聖な存在で、特に、「若」は祟《たた》る恐ろしい鬼である。その祟る恐ろしい鬼を際立たせる演出こそが、武内宿禰の「老」ではなかろうか。

神功皇后や応神天皇とのかかわりの深い宇佐八幡宮

◇ 浦島と住吉と武内宿禰の素性

ところで、浦島が「住吉《すみよし》」とつながっていたところもまた味噌である。その住吉は、意外な場所で意外な活躍をしている。

大分県宇佐《うさ》市の宇佐八幡宮《うさはちまんぐう》（宇佐神宮）の特殊神事に、放生会《ほうじょうえ》があって、このとき不思議な傀儡子《くぐつ》の舞《まい》が奉納される。それは、東西二つに分かれた相撲《すもう》人形が戦い、はじめは「東」が優勢、その後「住吉さま」が登場し、「東」をばったばったと倒していくのである。

宇佐から見て東はヤマト、西は九州である。本来ならば瀬戸内海の東の果ての住吉は、「東軍」に入るべきものを、なぜ宇佐では、「西軍」に加勢しているのだろう。

祭りとは、本質的には、祟《たた》る神を讃え、一年に一度大暴れをさせることで、逆に豊饒《ほうじょう》を勝ち取ろうとする営みであろう。とするならば、住吉さまは、祟る神であり、だからこそ、戦いで大暴れをするのである。

問題は、その住吉さまが、塩土老翁《しおつつのおじ》であり、塩土老翁と浦島太郎はそっくりで、さらには、ここに蘇我《そが》氏の祖・武内宿禰《たけのうちのすくね》が割り込んでくることだ。

神功《じんぐう》皇后や応神《おうじん》天皇とかかわりの深い宇佐八幡宮で、武内宿禰とそっくりな住吉さまが暴れ回るのは、神功皇后らが、北部九州でヤマトに負け、南部九州に逼塞《ひっそく》したからにほかなるまい。現実には負けたから、祭りで大いに勝たせてあげるのである。

海の女神・宗像神を祀る宗像大社

さらに、九州の住吉にからんで興味深い伝承がある。それが、裏伊勢《うらいせ》と呼ばれる宗像《むなかた》大社（福岡県宗像市）のもので、宗像神の子が住吉で、住吉神の子が宇佐、というのである。

宗像神は、海の女神で、神話では、素戔嗚《すさのお》尊《みこと》の娘、ということになる。神社の伝承によれば、その昔、出雲からこの地に流れ着き、祀《まつ》られるようになったという。

それはともかく、問題は、住吉と宇佐の親子関係である。

宇佐神宮の祭神は応神天皇で、その両親は、『日本書紀』によれば、仲哀《ちゅうあい》天皇と神功《じんぐう》皇后ということになる。ではここにある住吉とは、仲哀天皇を指しているのだろうか。どうやらそういうことではないらしい。『日本書紀』どおりの系譜なら、わざわざ住吉を宇佐の親にもってくる必要もないわけである。

そこで住吉大社の伝承に目を転じると、興味深い事実が記されている。それによれば、仲哀天皇が亡くなった晩、住吉大神と神功皇后は、夫婦の秘め事を行なった、というのである。

これまで、史学界では、神社伝承によって歴史の謎をひもとくことは、不可能と考えられていたようなところがある。しかし、正史『日本書紀』によって抹殺《まっさつ》された歴史を、地方の神社が必死になって復元しようと試みていたとしたら、荒唐無稽《こうとうむけい》と思われてきた伝承のなかに、一縷《いちる》の真実が秘められていた可能性が出てくるのである。そして、九州の宗像、大阪の住吉、二つの別々の場所に伝えられた伝承を重ねてみたとき、実に整合性をもった答えが得られるのだとすれば、この伝承の「可能性」を無視することはできないのである。

◇見るな見るな、といわれれば見たくなる秘密

いよいよ謎解きは大詰めである。そこで、一度話を整理しよう。

さて、大国主神《おおくにぬしのかみ》は、藤原不比等《ふじわらのふひと》が真実の歴史を抹殺《まっさつ》するために用意した目くらましにほかなるまい。

聖徳太子《しょうとくたいし》に多くの名が与えられたのは、聖徳太子の陰で悪者に仕立て上げられた蘇我入鹿《そがのいるか》の正体を抹殺するためのカラクリであった。これに対し大国主神にも、多くの名が与えられた。これは、大国主神の陰に隠された本当の「歴史の大物」に煙幕をかけるカラクリにほかならない。そして、だれが隠れてしまったかといえば、ヒントは、身逃《みに》げの神事に残されていたのだ。

すでに触れたように、身逃げの神事は、大国主神の御魂《みたま》を背負い込んだ禰宜《ねぎ》（念のためにいっておくがこれは出雲国造《くにのみやつこ》ではない）が、深夜、稲佐浜《いなさはま》に神幸《じんこう》に出る。このとき、その姿を、だれもが見てはいけないとされている。この、「だれも見てはいけない」、という演出こそが味噌なのであって、天才的なマジシ

ヤンが、このような祭りを演出したとしか思えないのである。

なぜなら、見てはいけない、というものほど見たくなるのが人情だからで、みな、「見ない、見ない」といいながら、障子の穴から禰宜の様子をのぞいていたに決まっているのだ。そのいっぽうで、本当の主役になるはずだった出雲国造は、このとき雲隠れしているのである。

だが、祭りの本当の主役は、「見てはいけない禰宜」ではなく、黒子に徹した出雲国造の方である。では、出雲国造は、行方をくらませて、何をしているというのであろう。そして、その正体はなんだったのか。

ここで思い出す話が二つある。出雲の国譲りに際し、呪《のろ》いを込めて海の藻屑《もくず》と消えた事代主神《ことしろぬしのかみ》（言代主神）であり、また、武内宿禰《たけのうちのすくね》と真根子《まねこ》の話である。

事代主神は後世「恵比須様《えびすさま》」と称され、庶民の信仰を集めたが、この恵比須様が海の神と考えられていたのは、事代主神自身が海と密接につながっていたからにほかならない。

事代主神に代表されるように、出雲は「海の信仰」に満ちあふれている。むしろこれは当然のことで、出雲は弥生時代後期、「海運」によって繁栄を誇ったからである。

出雲最大の祭りのある神在月《かみありづき》には、海蛇がやって来るのをひたすら待つ。海蛇がたどり着かなければ、祭りははじまらないのである。なぜなら、出雲のいう「海蛇」とは、たんなる海の神ではないからだろう。

では、それは何かといえば、おそらく呪《のろ》いを込めて海に沈んでいった事代主神の怨念《おんねん》にほかなるまい。

ところがここに、歴史のどんでん返しのカラクリが潜んでいる。

さて、出雲の祟る海の神・事代主神は、浦島太郎や塩土老翁《しおつつのおじ》、そして武内宿禰とそっくりである。

ヤマトのウマシウチに謀反《むほん》の讒言《ざんげん》を受けた武内宿禰だったが、武内宿禰にそっくりな真根子なる人物が、身代わりになって死んでいったという。

ここにあるウマシウチによる武内宿禰追い落としの謀略こそが、これまでの話のいきさつ上、神話にある「出雲の国譲り」の真相だったと思い至る。

そして、この話が、出雲国造の身逃げの神事にそのままあてはまるのである。

すなわち、出雲の国譲りとは、ヤマトのウマシウチによる真根子殺しであり、武内宿禰はするりと逃れていた、ということである。

事代主神は生きていたのだ!!

この事実を『日本書紀』は抹殺し、かたや出雲では、身逃げの神事として奇妙な形で伝えられてきたと思われる。種明かしをすれば、見てはいけないという禰《ね》宜《ぎ》は、大国主神という「オトリ」で、身逃げの神事を行なう出雲国造こそが、事代主神そのものだった、ということである。

そしてここに、大国主神という偶像の正体が、ぼんやりと見えてきた。大国主神は事代主神の影であると同時に、事代主神の「その後の行方」を覆《おお》い隠すための、「アリバイ工作?」だったのだろう。神話は事代主神を出雲の海に消し、しかも大国主神の方に目を引きつけることで、事代主神=武内宿禰の真の姿と功績を、歴史から消し去ってしまったのではなかったか。

つまり、出雲の本当の謎は、大国主神によって隠されてしまった、事代主神の正体のなかに秘められていたわけである。

それならば、いったい本当の事代主神は、こののちどのような活躍をしていたのだろう。そして、なぜ『日本書紀』は、事代主神のその後を、必死になって抹殺する必要があったというのだろう。

ヒントは、意外なところにある。それが、「伊勢神宮の太陽神」にほかならない。

◇ヤマトの本当の太陽神

原田常治《はらだつねじ》氏は、出雲の大物主神《おおものぬしのかみ》が物部《もののべ》氏の祖・饒速日命《にぎはやひのみこと》で、日本の本当の太陽神ではないかと指摘している（『古代日本正史』同志社）。饒速日命の諡号《しごう》が天《あま》照国照彦天火明櫛玉饒速日尊《てるくにてるひこあまのほのあかりくしたまにぎはやひのみこと》で、頭にくっついた「天照」は、太陽神を意味しているからである。

ヤマトの太陽神といえば、女神・天照大神《あまてらすおおみかみ》なのだから、物部氏の祖が太陽神であったという話は、しっくりこないかもしれない。しかし、次のように発想を変えれば、すぐに理解いただけるだろう。

ヤマト建国以前、また、その後も、日本列島には、数え切れないほどの「太陽神」が存在した。ひとつの集落に、一柱の太陽神がいたとしてもおかしくはない。だから、饒速日命は、物部《もののべ》氏が奉斎《ほうさい》する太陽神であり、彼らがヤマト建国に最も貢献し、しかも、「ヤマトの宗教」を構築したのだから、ヤマトの太陽神が大物主神＝饒速日命であって、なんの不思議もない。

一方、武内宿禰《たけのうちのすくね》と同一と目される出雲神・事代主神《ことしろぬしのかみ》（言代主神）は、どうだろう。事代主神も太陽神としての性格をもっていたのではなかったか。

しかも、事代主神の正体をつきつめていくと、伊勢神宮の祭神に行き着いてしまうのだ。

これが何をいわんとしているのか、出雲の国譲りの最後の謎解きにとりかかろう。

さて、神話の国譲りといえば、真っ先に思い浮かべるのは「出雲」であろう。だが、出雲の国譲りとそっくりな話が、「伊勢《いせ》」にも残されている。出雲の神、イセツヒコの話だ。まったく無名の神なのだが、これが無視できない。

『伊勢国風土記』逸文《いつぶん》には、二つのイセツヒコの話が載《の》っている。

ひとつは、出雲の神の子・出雲建子命《いずもたけこのみこと》（この神には伊勢都彦命《いせつひこのみこと》と櫛玉命《くしたまのみこと》の別名があったという）が、昔、石を使って城を築き、ここに鎮座した。その後、ほかの神がやって来て奪おうとしたが果たせずに帰っていったという。それでこの地を「伊勢」と呼ぶようになったのだという。

もうひとつ、イセツヒコが登場する『伊勢国風土記』逸文がある。やはりこれは伊勢の国号説話で、次のような内容である。

神武《じんむ》天皇が東征してヤマトに向かったときのことだ。神武は天御中主尊《あまのみなかぬしのみこと》の十二世の孫・天日別命《あめのひわけのみこと》（度会《わたらい》氏の祖）に、「空の彼方《かなた》に国がある。その国を平定してきなさい」と命じた。

そこで天日別命は東に向かった。すると、ある集落に伊勢津彦《いせつひこ》なる男がいた。天日別命は伊勢津彦に向かって、「あなたの国を天孫《あめみま》に献上しなさい」というと、伊勢津彦は「わたしはこの地に住んで久しい。命令には従えません」と拒絶した。そこで天日別命は、兵をおこし伊勢津彦を殺そうとした。すると伊勢津彦はかしこまって、「わたしの国はすべて天孫に献上いたしましょう。私は出て行きます」と述べた。

すると天日別命は、

「あなたが出て行った証《あかし》は何にする？」

と聞くと、伊勢津彦は、

「わたしは今夜、海を吹き渡る大風を起こして、その波に乗り、東の方角に向かいましょう。これが、わたしの去るときの証です」

というので、天日別命は、兵を整えて様子を見ていると、夜中に、四方に大風が起こり、波を打ち上げ、照り輝くこと太陽のようで、あたりは明るく、そのなかを伊勢津彦は波に乗って東に向かった。古い言葉に、「神風《かむかぜ》の伊勢《いせ》の国、常世《とこよ》の浪寄《なみよ》する国」というのは、このことをいうのだ、とある。そして、天皇は天日別命の活躍をいたく喜び、この地の地名を、「国《くに》つ神《かみ》」の名を取って「伊勢」と名づけるようにと、命じた。

『風土記』逸文はこのように語り、また、のちの世の補註は、このとき伊勢津彦を信濃《しなの》国（長野県）に住まわせたのだとある。

これらの話は、みな、どこかで見たことがある。もちろん、出雲神話だ。そのなかで海の上で妖《あや》しく太陽に照り輝いたのは大物主神である。そして、天《あま》つ神《かみ》に追われ海に消えていったのは事代主神だった。そして、出雲の国譲りに最後まで抵抗した建御名方神《たけみなかたのかみ》が諏訪《すわ》に逃れたように、『伊勢国風土記』逸文は、伊勢津彦も信濃に追放したのだといっている。

では、なぜ伊勢津彦が出雲とかかわるのだろう。それは、伊勢津彦が出雲出身だったからだと最初の逸文はいう。

それにしても、なぜ出雲の国譲りそっくりの伝承が、天皇家の聖地・伊勢に残されているのだろう。

そこで、もうひとつ、伊勢をめぐる話を取りあげよう。それが、『古事記』に記された猨田毘古神《さるだびこのかみ》（猿田彦《さるたひこ》）の話だ。

◇ 出雲の国譲りの真実

『古事記』には、天照大神《あまてらすおおみかみ》の孫・天津日高日子番能邇邇芸命《あまつひこひこほのににぎのみこと》（天津彦彦火瓊《あまつひこひこほのに》瓊杵尊《にぎのみこと》）が天孫降臨《てんそんこうりん》したときのこととして、猨田毘古神《さるだびこのかみ》を登場させている。そこには次のようにある。

天津日高日子番能邇邇芸命が天降《あまくだ》ろうとすると、天《あめ》の八衢《やちまた》に、上《かみ》は高天原《たかまのはら》を照らし、下《しも》は葦原中国《あしはらのなかつくに》を照らす神（原文は「上光～、下光～」とある）がいた。そこで天照大神と高木神《たかぎのかみ》（高皇産霊尊《たかみむすひのみこと》）は、天宇受売神《あめのうずめのかみ》に次のように命じた。

「あなたは手弱女《たおやめ》だけれども、敵の神と相対したとき気後れしない神である。だからあなたがあの神のもとに行って、なぜ御子《みこ》の天降る道に、このように立っているのかを問いただしてきなさい」

と命じた。そこで天宇受売神は天の八衢に向かい、照り輝く神に尋ねると、

「わたしは国《くに》つ神《かみ》で、名は猨田毘古神と申します。ここに出ているのは、天つ神である御子が天降っていらっしゃるというので、わたしが先頭に立ってご案内しようと思い、こうしてお迎えに参上しているのです」

ということだった。

この猨田毘古神には、後日譚《ごじつたん》がある。

猨田毘古神が阿邪訶《あざか》(三重県松阪市)にいたときのことだ。漁をしていたら、比良夫貝《ひらぶがい》に手を挟《はさ》まれ、海に沈み溺《おぼ》れてしまった。底に沈んだときの名は底度久御魂《そこどくみたま》といい、海水が泡《あわ》だったときの名を都夫多都御魂《つぶたつみたま》といい、泡がはじけたときの名を阿和佐久御魂《あわさくみたま》といった。

猨田毘古神について語り出せば、本一冊の分量になってしまうだろうが、ここで端的にいってしまえば、天の八衢で輝いていたという表現は、明らかに国つ神

の太陽神であったということで、その太陽神が、いっぽうで天《あま》つ神《かみ》を嚮導《きょうどう》する神に変身するのである。そして、その神は、いつの間にか伊勢に姿を現わし、貝に手を挟まれ、海に沈むのである。

　このような仕草は、天つ神に対する服従の儀礼にほかならないとされるが、貝に挟《はさ》まれた手で海に沈む様は、逆手《さかて》で海に沈んだ事代主神《ことしろぬしのかみ》そのものであり、その様が三つの形に分けられたのは、住吉大神が底筒男命《そこつつのおのみこと》・中筒男命《なかつつのおのみこと》・表筒《うわつつの》男命《おのみこと》と、三柱に分けられていたのと通じる。

　先述した伊勢津彦《いせつひこ》は、伊勢で出雲の国譲りを「再演」した。そして、猨田毘古神は、皇祖神を先導した後、天孫降臨の地から伊勢の地に渡り、事代主神の真似をしたのだ。伊勢津彦も猨田毘古神も、要するに事代主神であり、これこそが、もうひとつの出雲の国譲りにほかなるまい。

　そして問題は、出雲と南部九州から流れ着いた神々の地が伊勢だったということである。出雲から「伊勢」という名の神が流れ着いたから地名を「伊勢」というのである。それほど、伊勢と出雲はつながっていたのだろう。とすれば、伊勢神宮に祀られる太陽神・天照大神とは、『日本書紀』が編まれた八世紀以前、出雲の太陽神を祀っていたのではなかったか。しかもそれは、「猨田毘古神＝事代主神」であり、武内宿禰《たけのうちのすくね》である。

それだけではない。現在の伊勢神宮の内宮《ないくう》には天照大神、外宮《げくう》には豊受大神《とようけのおおかみ》が祀られている。その豊受大神は、天照大神が「独り身で寂しい」といい出したことから、日本海側の丹後《たんご》半島から連れて来られたという。だがこれでは、どうにも話のつじつまが合わない。というのも、天照大神は女神であり、「独り身で寂しい」のなら、男性の神が必要なのである。

では、なぜ伊勢に豊受大神が連れて来られたのだろう。豊受大神は、伊勢の内宮の神とはもともと夫婦だったのではなかったか。すなわち、豊受大神は神功皇后であり、伊勢の太陽神とは、武内宿禰にほかならない。

八世紀以前のヤマトが最も敬い恐れた神、それは、要するに出雲の国譲りで裏切ってしまった神功皇后（トヨ）と武内宿禰（事代主神《ことしろぬしのかみ》）であった。そして、この一対の神こそが、ヤマト建国の最大の功労者にほかならなかった。だからこそ、八世紀の藤原不比等《ふじわらのふひと》は、これらヤマト建国の真実を、出雲神話のなかに封印してしまったに違いない。その動機は、もちろん、蘇我入鹿《そがのいるか》を悪役に仕立てあげなければならないという切羽詰《せっぱつ》まった事情からだった。嘘《うそ》が嘘を呼び、小さな嘘が、しだいに巨大な嘘に化けていったのである。

こうして、『日本書紀』に記された歴史は、繰り返される嘘と、幾重《いくえ》にも重なったスパイラルで構成されていたのであって、要するに出雲の国譲りとは、三世紀と八世紀の歴史の複合体にほかならなかったわけである。

文庫版あとがき

出雲は難題である。

かつては、出雲は絵空事といわれ、考古学の進歩によって、出雲の存在が認められはじめたが、そうかといって、出雲の謎解きが大きく進展したかというと、首をかしげざるを得ない。

なぜ出雲は、なかなかその正体を見せないのだろう。

もちろん、出雲には、千数百年の時空を越えた、恩讐とわだかまりが、いまだにとぐろを巻いているのであって、出雲に行くと、

「これはオフレコだが……。」

という話が、あまりにも多すぎる。

さらには、

「あそことあそこは、いまだに仲が悪い。」

といった類の話が、いくらでも飛び出してくる。

そのひとつひとつを追い回していたら、一体いつ出雲が真の姿を見せるのか、こんがらかった糸をどうほどいていけばよいのか、途方に暮れるのである。

それだけではない。

邪馬台国論争の混乱が、出雲の真相を語る上で、大きなネックになっている。纒向の発見によって、邪馬台国やヤマト建国の真相も、いよいよ明らかになるという期待があるが、ここに大きな問題が隠されている。

それは、邪馬台国畿内論者は、纒向や前方後円墳の出現をなるべく早い時期に考え、逆に邪馬台国北部九州論者は、遅く持っていこうと必死になっていることなのである。

どちらも、自説に優位な時代設定を求めているのだが、これは本末転倒である。

一日も早く、冷静な目で、纒向の年代観を確定していただきたいものである。そうなれば、出雲の謎解きも、大きく進展するに違いないのである。

なお、文庫化に当たっては、ＰＨＰ研究所文庫出版部の山田雅庸氏、たのもしき友人・野崎雄三氏、共同研究者・梅澤恵美子氏にご尽力いただきました。改めてお礼申し上げます。

合掌

〔参考文献〕

『古事記祝詞』……日本古典文学大系（岩波書店）
『日本書紀』……日本古典文学大系（岩波書店）
『風土記』……日本古典文学大系（岩波書店）
『萬葉集』……日本古典文学大系（岩波書店）
『続日本紀』……新日本古典文学大系（岩波書店）
『魏志倭人伝』……石原道博編訳（岩波書店）
『旧唐書倭国日本伝』……石原道博編訳（岩波書店）
『三国史記倭人伝』……佐伯有清編訳（岩波書店）
『先代舊事本紀』……大野七三（新人物往来社）
『日本の神々』……谷川健一編（白水社）
『神道大系　神社編』……（神道大系編纂会）
『出雲大社』……千家尊統（学生社）
『復刻国定歴史教科書　尋常小学日本歴史』……（大空社）

『神代史の研究』……津田左右吉（岩波書店）
『日本神話と古代国家』……直木孝次郎（講談社学術文庫）
『日本神話の思想』……河合隼雄（ミネルヴァ書房）
『出雲神話』……松前健（講談社現代新書）
『日本神話を見直す』……水野祐（学生社）
『出雲神話の成立』……鳥越憲三郎（創元社）
『日本神話の基盤』……三谷栄一（塙書房）
『喜田貞吉著作集8』……喜田貞吉（平凡社）
『井上光貞著作集　第四巻』……井上光貞（岩波書店）
『日本神話の基礎的研究』……青木紀元（風間書房）
『荒神谷遺跡』……三宅博士（読売新聞社）
『銅鐸の謎』……島根県加茂町教育委員会編（河出書房新社）
『季刊　考古学　別冊7　加茂岩倉遺跡と古代出雲』……佐原真編（雄山閣）
『王権誕生』……寺沢薫（講談社）
『海と列島文化　第二巻　日本海と出雲世界』……森浩一編（小学館）

『大和政権への道』……西嶋定生他（日本放送教育協会）
『弥生時代の鉄器文化』……川越哲志（雄山閣）
『古代出雲王権は存在したか』……松本清張編（山陰中央新報社）
『新邪馬台国論』……大和岩雄（大和書房）
『白鳥伝説』……谷川健一（集英社）
『出雲の古代史』……門脇禎二（ＮＨＫブックス）
『古代日本正史』……原田常治（同志社）
『歴史の中の日本』……司馬遼太郎（中公文庫）
『謎の出雲帝国』……吉田大洋（徳間書店）

この作品は二〇〇四年七月にPHP研究所より刊行された『「出雲神話」の真実』を文庫化にあたり加筆・修正し、改題したものである。

著者紹介

関　裕二（せき　ゆうじ）

1959年、千葉県柏市生まれ。歴史作家。仏教美術に魅せられて足繁く奈良に通い、日本古代史を研究。古代をテーマにした書籍を意欲的に執筆している。

著書に『藤原氏の正体』（東京書籍）、『謎とき古代日本列島』（講談社）、『天武天皇　隠された正体』『封印された日本創世の真実』『検証　邪馬台国論争』（以上、KKベストセラーズ）、『古代史の秘密を握る人たち』『消された王権・物部氏の謎』『大化改新の謎』『壬申の乱の謎』『神武東征の謎』『継体天皇の謎』『聖徳太子の秘密』『鬼の帝 聖武天皇の謎』『古代史 9つの謎を掘り起こす』（以上、PHP文庫）、『天孫降臨の謎』『海峡を往還する神々』（以上、PHP研究所）などがある。

PHP文庫　「出雲抹殺」の謎
ヤマト建国の真相を解き明かす

2007年1月25日　第1版第1刷
2007年6月15日　第1版第2刷

著者　関　裕二
発行者　江口克彦
発行所　PHP研究所

東京本部　〒102-8331　千代田区三番町3番地10
文庫出版部　☎03-3239-6259(編集)
普及一部　☎03-3239-6233(販売)
京都本部　〒601-8411　京都市南区西九条北ノ内町11
PHP INTERFACE　http://www.php.co.jp/

制作協力
組版　朝日メディアインターナショナル株式会社
印刷所　共同印刷株式会社
製本所　株式会社大進堂

ISBN978-4-569-66768-3

PHP文庫